Volkmar Kolibabe

# Offenbarung und Endzeit

Volkmar Kolibabe

# Offenbarung und Endzeit

Ein aktueller Blick auf das letzte Buch der Bibel

GloryWorld-Medien

1. Auflage 2023



Bibelzitate sind, falls nicht anders gekennzeichnet, der Lutherbibel, Revidierte Fassung von 1984, entnommen. Weitere Bibelübersetzung:

ELB: Elberfelder Bibel, Revidierte Fassung von 2006.

Das Buch folgt den Regeln der Deutschen Rechtschreibreform. Die Bibelzitate wurden diesen Rechtschreibregeln angepasst.

Lektorat: Marcel Roman
Satz: Manfred Mayer
Umschlaggestaltung: Jens Neuhaus, www.7dinge.de
Umschlagmotiv: Pixabay

Printed in the EU

ISBN: 978-3-95578-622-9
Bestellnummer: 356622

Erhältlich beim Verlag:

GloryWorld-Medien
Beit-Sahour-Str. 4
D-46509 Xanten
Tel.: 02801-9854003
Fax: 02801-9854004
info@gloryworld.de
**www.gloryworld.de**

oder in jeder Buchhandlung

# Inhalt

# Vorwort

Als Lukas, Arzt und Mitarbeiter des Paulus, anfängt, die Berichte über Jesus und die Apostel zu sammeln, beginnt er sein eigenes Evangelium so: *„Viele haben es schon unternommen, Bericht zu geben von den Geschichten, die unter uns geschehen sind ...“* (Lk 1,1) – und so geht es mir eigentlich auch. Ich könnte genauso schreiben: „Viele haben es schon unternommen, die Apokalypse auszulegen.“ Aber es ist andersherum auch wahr, dass fast jede Generation eine neue oder etwas andere Sicht auf die prophetischen Bilder bzw. Visionen hat, die uns im letzten Buch des Neuen Testaments vermittelt werden.

Ich habe während meines Theologiestudiums und auch in den folgenden Jahren meine eigenen Erfahrungen mit diesem für viele leider sehr unverständlichen Buch gemacht. Anfangs ging es mir ähnlich, ich hatte ebenso meine Schwierigkeiten mit dieser Prophetie des Apostels Johannes und so habe ich begonnen, die Apokalypse auswendig zu lernen. Hat mir das zu einem besseren Verständnis verholfen? Nicht wirklich.

Erst nach meinem Studium hat mir der Herr ein ganz neues Verständnis für die Anwesenheit des Heiligen Geistes in meinem persönlichen Leben und die gegenwärtige Bedeutung des Volkes Israel für die Welt geschenkt. Das waren für mich die entscheidenden Voraussetzungen, die Bibel mit ganz anderen Augen zu lesen. Ich fing an, mich von der sogenannten Ersatztheologie Stück für Stück zu entfernen, und zwar analog dazu, dass ich immer mehr begriffen habe, dass Gott die endzeitlichen Verheißungen für das Volk des „alten Bundes“ nicht zurückgenommen und auch nicht auf die neutestamentliche Gemeinde übertragen hat.

Meine daraus resultierende Frage war: Wenn dieser Ansatz richtig ist, dann muss ich „Israel“ auch in der Offenbarung finden. Diese und ähnliche Fragen haben mich in den folgenden Jahren nicht mehr losgelassen und so begann eine Phase, in der ich das ganze Buch der Offenbarung täglich durchgelesen habe. Das war der Schlüssel! Auf einmal zeigte mir der Herr Querverbindungen innerhalb der Apokalypse selbst, aber auch zu anderen endzeitlichen Texten der Schrift im Alten wie auch im Neuen

Testament beziehungsweise prophetische Worte aus der Zeit des ersten wie auch aus der Zeit des neutestamentlichen bzw. zweiten Bundes.

Dazu möchte ich Sie in diesem Buch einladen: Entdecken Sie mit mir diese Querverbindungen und Zusammenhänge, finden Sie mit mir den Platz, an dem wir heute stehen, und beantworten Sie für sich selbst die Frage: Wie lange noch? Wann, Herr, wirst du diese geschundene Welt erlösen?

# Einleitung

Zu Beginn möchte ich darauf hinweisen, dass wir bei diesem Thema unausgesprochen eine andere Kosmogonie voraussetzen, als wir sie bisher kennen, oder sagen wir es in verständlicherer Sprache: Unser Weltbild wird sich verändern.

Ich setze voraus, dass es mindestens ein anderes (fast deckungsgleiches) Universum gibt. Also außer unserer eigenen, materiellen Welt noch mindestens eine weitere, die manche von uns erahnen können, eine immaterielle Welt, eine Welt des Geistes Gottes.

Vielleicht hilft uns hier zum Verständnis die Vorstellung einer manipulierten elektromagnetischen Welle. Sie kann Musik und/oder Bilder transportieren, je nachdem ob wir nur Radio hören oder uns einen Film im Fernsehen anschauen. Unsere Antenne empfängt hunderte solcher Wellen auf einem Punkt, ohne dass sie sich gegenseitig behindern (jedenfalls ist das unsere Wahrnehmung). Nun brauchen wir nur noch ein Gerät, das uns die Informationen aus dieser „anderen Welt" decodiert, eben ein Radio oder einen Fernseher.

Könnten Sie sich vorstellen, dass wir ursprünglich von Gott auch so gedacht waren? Schnittstellen zwischen zwei Welten? Der Allmächtige erfüllt uns mit seinem Odem, mit seinem Geist (1 Mose 1,27 und 2,7), und so werden wir fähig, die Welt Gottes in uns wahrzunehmen. Je sensibler wir für diese Entdeckung werden, umso aufregender wird unser Leben werden! Jetzt werden wir nicht mehr nur sehen, was vor Augen ist, sondern unsichtbare Dinge mit dem Herzen wahrnehmen. Wir werden mit unseren Ohren nicht nur akustische Signale aufnehmen, sondern hören, was der Geist uns zu sagen hat (vgl. Offb 2,7). Wir werden auch erleben, dass der Zeitfaktor bei Gott überhaupt keine Rolle mehr spielt, denn die Zeit ist nur eine Eigenschaft der Materie, also unserer Welt.

Genau diese Zusammenhänge sind die Voraussetzungen für prophetisches Reden. Menschen mit besonderen Begabungen der Wahrnehmung des Geistes Gottes teilen uns mit, was sie aus der „anderen" Welt empfangen haben und werden dadurch zu Propheten.

Prophetische Eindrücke betreffen aber nicht nur die Zukunft, sondern häufig auch die Gegenwart oder manchmal auch die Vergangenheit. Ich vergleiche Prophetie gern mit einem genetischen Code, der sich in unserer Welt entwickeln will. Nehmen wir zum Beispiel einen Apfelkern: Man steckt ihn in einen Blumentopf und wartet gespannt darauf, was passiert. Erst wenn die Botschaft Gottes, die in der DNA eincodiert ist, sich entwickelt und wachsen kann, weiß man, was sich Gott ursprünglich gedacht hat. Die „Botschaft" ist im Laufe des Wachstumsprozesses immer dieselbe geblieben, aber das äußerliche Bild änderte sich ständig: Vom Keimling zum Baum, von der Blüte zur Frucht.

Übersetzen wir diesen irdischen Vorgang einmal auf unser geistliches Leben: Das Wort Gottes fällt in unser Herz und findet dort mehr oder weniger gute Wachstumsbedingungen vor (siehe Gleichnis vom vierfachen Acker in Mt 13,1-9 und 18-23). Unter optimalen Voraussetzungen wird es sich gut entwickeln, wird zielorientiert wachsen und genau das Ergebnis hervorbringen, das vom Wort intendiert war. Das Wort ist sozusagen ein geistlicher Code, der unser Leben steuern will. Aber nicht immer kann man schon zu Anfang auch das Ende sehen.

Das mag auch ein Grund dafür sein, dass Prophetie häufig in Bildern dargestellt wird, Bilder, die man nicht versteht, wenn man seine Bibel nicht kennt oder diesen beschriebenen Wachstumsprozess nicht einplant. Das macht es auch manchmal nicht leicht, prophetische Botschaften zu erklären oder Irrtümer zu korrigieren, wenn man auf falsche Deutungen stößt.

Aber lassen Sie sich nicht entmutigen, auch Irrtümer sind Teil unserer Entwicklung!

Es gibt natürlich für die prophetische Bildersprache der Offenbarung auch noch andere Gründe: Ein Bild muss man interpretieren, das erlaubt geistliche Freiheit und gebietet Abhängigkeit vom Heiligen Geist. Ein Bild predigt und wir erinnern uns dabei an die Gleichnisse Jesu, die über Jahrhunderte hinweg viele der bekanntesten Evangelisten und Prediger in aller Welt immer wieder neu inspiriert haben.

Ein prophetisches Bild übersteht auch eine falsche Auslegung und das sollte man nicht unterschätzen! Zweitausend Jahre Kirchengeschichte haben da einigen Unrat angehäuft.

Prophetische Bilder lassen keine Zeitrechnung zu und insofern sind sie nicht wirklich mit dem der Zeit unterworfenem menschlichen Denken kompatibel.

Manchmal entsteht auch der Eindruck, dass sich prophetische Bilder irgendwie einer göttlich gewollten Unschärfe unterordnen, sodass selbst Satan, dem die Leitung durch den Heiligen Geist nicht zur Verfügung steht, sie nicht wirklich einordnen kann. Das erinnert an die Quantenphysik, in der Raum und Zeit offensichtlich keine Rolle mehr spielen. Oder sollten wir eher den Wahrscheinlichkeitsbegriff einführen, der Näherungsprinzipien zukünftiger Ereignisse vorstellt? Jedenfalls kommen wir mit unseren gängigen Zeitvorstellungen im Bereich göttlicher Prophetie nicht zurecht. Jeder, der versucht, Zukunftsereignissen, die die Bibel voraussagt, eine Jahreszahl zuzuordnen, wird kläglich Schiffbruch erleiden.

Beginnen wir eine spannende Reise hinein in das prophetische Denken der Heiligen Schrift und verfolgen die Entwicklung des einfachen Fischers Johannes zu einem der bekanntesten Propheten der Christenheit!

# Kapitel 1

# Der Auferstandene offenbart sich Johannes

***(1,1) Dies ist die Offenbarung Jesu Christi, die ihm Gott gegeben hat, seinen Knechten zu zeigen, was in Kürze geschehen soll; und er hat sie durch seinen Engel gesandt und seinem Knecht Johannes kundgetan ...***

Es gibt in der griechischen Sprache – damals Weltsprache und auch die Sprache des Neuen Testaments – drei Worte, die in etwa das Gleiche bezeichnen: Parusie, Epiphanie und Apokalypse.

- **Parusie** bedeutet Gegenwart, Anwesenheit, Ankunft und Wiederkunft Christi.
- **Epiphanie** wird im Allgemeinen mit Erscheinung und auch mit Wiederkunft Christi übersetzt.
- **Apokalypse** dagegen legt die Betonung mehr auf die Enthüllung und Offenbarung. Das heißt, es geht bei diesen drei sehr ähnlichen Begriffen schwerpunktmäßig um die Person Jesu. Dieses letzte Buch des Neuen Testaments beschreibt also **nicht** in erster Linie sogenannte apokalyptische Ereignisse oder Zustände (schon das ist eine falsche Interpretation des Wortes Apokalypse), sondern

  1. es geht um Jesus Christus;
  2. es geht um eine Offenbarung Jesu für uns, seine Gemeinde;
  3. es geht um Ereignisse der Zukunft im Zusammenhang mit seiner Apokalypse: „*Was in Kürze geschehen soll*" kann man auch anders übersetzen, z. B. „was sich plötzlich ereignen soll", und
  4. es geht um eine Offenbarung, die übernatürlich vermittelt wird.

Das heißt zuerst: Diese Offenbarung ist nicht für die (ungläubige) Welt gedacht (siehe Jesus zu Pilatus: *„Mein Reich ist nicht von dieser Welt"* – Joh 18,36). Mit anderen Worten: Das, was die Schrift uns hier vermitteln will, kann nur durch den Geist Gottes in uns richtig verstanden werden.

Es ist kein Zufall, dass Jesus in seinen Botschaften an die sieben Gemeinden jedes Mal wiederholt: *„Wer Ohren hat der höre, was der Geist den Gemeinden sagt!"* – das sagt er auch den Gemeinden, die er gar nicht tadeln muss (Smyrna und Philadelphia).

Welche Themen werden uns in der Zukunft am meisten beschäftigen? Seine Wiederkunft? Der Tag des Herrn? Das Endgericht? Die Wiederherstellung aller Dinge? Israel? Wenn die Zeit Gottes dafür gekommen ist, wird es der Heilige Geist offenbaren und uns die Verbindung zum prophetischen Wort aufzeigen.

***(1,2) ... der bezeugt hat das Wort Gottes und das Zeugnis von Jesus Christus, alles, was er gesehen hat.***

Man liest meist sehr schnell über diesen Satzteil hinweg. Aber unser Zeugnis ist in den Augen Gottes immens wichtig, denn Leben muss bezeugt werden![1]

***(1,3) Selig ist, der da liest und die da hören die Worte der Weissagung und behalten, was darin geschrieben ist, denn die Zeit ist nahe.***

Dies ist die erste Seligpreisung der Offenbarung. Es gibt insgesamt sieben. Im Griechischen, der Sprache des Neuen Testaments, wird es noch viel emphatischer ausgedrückt: *Makarios ho* – „Glückselig welcher ...!" Dieses griechische Adjektiv *makarios* könnten wir auch etwas umgangssprachlicher mit „glücklich" übersetzen. Dies ist uns doch viel verständlicher als das für unser Vorstellungsvermögen eher unzugängliche „selig". Das heißt: Die Worte, die wir in der Offenbarung mit geöffneten Augen lesen, können uns *begeistern!*

*„Die Zeit ist nahe"* – da hat sich Johannes doch wohl geirrt, oder? Aber man muss dazu Folgendes wissen: Es gibt zwei Begriffe für Zeit – *Kairos* und *Chronos*. *Kairos*, meist auch nur als Zeitpunkt verstanden, ist die Zeit

---

[1] Der griechische Ausdruck für bezeugen (martyreo) erinnert an einen Märtyrer, einen „Blutzeugen", der in seinem Eifer für Gott nicht zu stoppen ist und bis aufs Blut für seine Erkenntnis streitet. Das ist viel mehr, als etwas nur zu „bezeugen", so wie es in der deutschen Übersetzung zum Ausdruck kommt.

Gottes. *Chronos*, meist im Sinn von Zeitablauf, ist die Zeit des Menschen. Hier in Offenbarung 1,3 steht im Griechischen das Wort *Kairos*. Mit anderen Worten: Die Zeit Gottes wird kommen und dann werden die Dinge unaufhaltsam über uns hereinbrechen (Jesus spricht in Matthäus 24,8 von Wehen).

***(1,4) Johannes an die sieben Gemeinden in der Provinz Asien: Gnade sei mit euch und Friede von dem, der da ist und der da war und der da kommt, und von den sieben Geistern, die vor seinem Thron sind ...***

Wer sendet uns diesen Gruß, der Sohn oder der Vater? Ich würde zunächst denken der Sohn (weil es heißt „... *der da kommt*"). Aber im nächsten Vers wird Jesus Christus ausdrücklich erwähnt und in Offenbarung 4,8 sprechen die vier Gestalten am Thron: *„Heilig, heilig, heilig ist Gott der Herr, der Allmächtige, der da war und der da ist und der da kommt."* Außerdem gibt es da noch zwei weitere Verse (Offb 11,17 und 16,5), bei denen aber die Formulierung „der da kommt" fehlt. Haben wir ein Problem? Wie stellen wir uns Elohim, den dreieinigen Gott, vor? Ich glaube, dieses Thema wird uns noch beschäftigen!

Und die sieben Geister vor dem Thron? Wer sind denn diese? Noch nie von ihnen gehört! Aber jetzt treten sie in unser geistliches Blickfeld.

***(1,5) ... und von Jesus Christus, welcher ist der treue Zeuge, der Erstgeborene von den Toten und Herr über die Könige auf Erden! Ihm, der uns liebt und uns erlöst hat von unseren Sünden mit seinem Blut ...***

Jesus konnte unsere irdische Welt nur durch eine Geburt betreten. Sie machte ihn zum Menschensohn. Und er konnte diese Welt nur durch den Tod verlassen. So wurde er in die Lage versetzt, zwischen beiden Welten zu pendeln. Das beschreiben die Evangelien jeweils am Schluss sehr eindrucksvoll.

Jesus, der Sohn, sollte nach dem Willen des Vaters immer und überall der Erste sein. Jesus Christus, der Anfänger und Vollender unseres Glaubens, gemacht von Gott zum Erstling der Auferstandenen, zum Erstgeborenen von den Toten und zugleich zum treuen Zeugen dessen, was der Vater ihm gegen hat (siehe Vers 1).

***(1,6) ... und uns zu Königen und Priestern gemacht hat vor Gott, seinem Vater, ihm sei Ehre und Gewalt von Ewigkeit zu Ewigkeit! Amen.***

Dieser Gesalbte, von Gott selbst zum Herrn über die Könige auf Erden erhoben, nimmt uns mit hinein in seine Berufung und macht uns – nachdem er uns erlöst hat – zu seinen Teilhabern!

Das ist der Sinn unseres Lebens, Ziel und Absicht aller Pläne Gottes mit dieser Welt und mit uns persönlich. Alles, was uns hier widerfährt und begegnet, ist nur aus einem Grund von oben her zugelassen: Es soll unseren Charakter formen und uns zurüsten, dieser ewigen Aufgabe gewachsen zu sein. Es ist wohl offensichtlich so, dass Jesus das Minus in unserem Leben auch nur hier auf Erden korrigieren kann!

***(1,7) Siehe, er kommt mit den Wolken, und es werden ihn sehen alle Augen und alle, die ihn durchbohrt haben, und es werden wehklagen um seinetwillen alle Geschlechter der Erde. Ja. Amen.***

Johannes bestätigt hier noch einmal die Erwartung der Urgemeinde. Jesus selbst hatte sie ihnen ans Herz gelegt, als er noch bei ihnen war:

> *Und dann* (nach der „großen Trübsal" und den sogenannten eschatologischen Zeichen in Mt 24,29) *wird erscheinen das Zeichen des Menschensohnes am Himmel. Und dann werden wehklagen alle Geschlechter auf Erden und werden sehen den Menschensohn kommen auf den Wolken des Himmels mit großer Kraft und Herrlichkeit* ... (Mt 24,30).

Die Erfüllung wird nur wenige Kapitel weiter im sechsten Siegel beschrieben.

***(1,8) Ich bin das A und das O, spricht Gott der Herr, der da ist und der da war und der da kommt, der Allmächtige.***

Es ist, als wenn der Allmächtige, der *Pantokrator* aller Universen, dem Apostel beim Schreiben über die Schulter schaut und es ihm sozusagen persönlich noch einmal direkt bestätigt: *Ego eimi...* – **Ich bin** das Alpha und das Omega (erster und letzter Buchstabe des griechischen Alphabets). Hatte nicht Johannes sein eigenes Evangelium ganz ähnlich begonnen: *„Im Anfang war das Wort, und das Wort war bei Gott und Gott war das Wort"* (Joh1,1)?

Mehr Autorität geht nicht!

***(1,9) Ich, Johannes, euer Bruder und Mitgenosse an der Bedrängnis und am Reich und an der Geduld in Jesus, war auf der Insel, die Patmos heißt, um des Wortes Gottes willen und des Zeugnisses von Jesus.***

Johannes, unser Bruder in der Angst, der Bedrückung und der Drangsal, aber auch in der Erwartung auf Jesus und seine Königsherrschaft, wurde auf die Insel Patmos verbannt, weil er nicht schweigen konnte von dem, was er gesehen und gehört hatte!

***(1,10) Ich wurde vom Geist ergriffen am Tag des Herrn und hörte hinter mir eine große Stimme wie von einer Posaune ...***

Hier wird im Griechischen eine Wendung benutzt, die ungewöhnlich ist und auch als eine Verzückung durch den Geist **hinein in die Zeit** des Tages des Herrn ausgelegt werden könnte. Jedenfalls halte ich die Erklärung mancher Theologen, dass es sich hier um den Sonntag handelt, für historisch falsch und insgesamt für nicht sehr zielführend.

Grundsätzlich gilt: Unter dem Begriff „Tag des Herrn" versteht die Bibel entweder den Schabbat oder die Endzeit. Die Vorstellung, den Sonntag (den nach biblischem Verständnis ersten Tag der Woche) „Tag des Herrn" zu nennen, ist für einen Juden wie Johannes unvorstellbar und für die Zeit der Niederschrift der Apokalypse (etwa im Jahr 90 n. Chr.) reiner Anachronismus. Die heutigen messianischen Juden feiern immer noch den Schabbat. Der Sonntag hat für sie keine Relevanz.

Übrigens, die zwei griechischen Worte, die hier für *„große Stimme"* stehen, hat man später benutzt, um den Begriff Megaphon zu bilden – das macht uns die Geschichte doch sehr bildhaft und vorstellbar!

***(1,11) ... die sprach: Was du siehst, das schreibe in ein Buch und sende es an die sieben Gemeinden: nach Ephesus und nach Smyrna und nach Pergamon und nach Thyatira und nach Sardes und nach Philadelphia und nach Laodicea.***

Sieben Gemeinden, die ausgewählt wurden, um eine wichtige Symbolik auszudrücken, auf die wir noch zu sprechen kommen werden. Aber zunächst fällt auf, welche Gemeinden fehlen:

Zuerst Jerusalem. Offensichtlich war diese Gemeinde schon im jüdisch-römischen Krieg 70/71 aus der Stadt in Richtung Jordanien (sie werden später Ebjoniten genannt) geflohen. Lukas beschreibt diese Zeit in Apostelgeschichte 21,20-24. Der letzte Satzteil in diesem Abschnitt ist sehr wichtig im Rahmen der Auslegung der Apokalypse und er wird uns noch beschäftigen!

Außerdem fehlt die damals wohl größte Gemeinde: Antiochien in Syrien. Sie hatte Barnabas und Paulus auf ihre Missionsreisen ausgesandt (vgl. Apg 13,2).

***(1,12) Und ich wandte mich um, um zu sehen nach der Stimme, die mit mir redete. Und als ich mich umwandte, sah ich sieben goldene Leuchter (1,13) und mitten unter den Leuchtern einen, der war einem Menschensohn gleich ...***

Der Eindruck für Johannes muss überwältigend gewesen sein, denn er hält es nicht lange aus, er kann diese himmlische Herrlichkeit seines Meisters nicht ertragen. Johannes wird gern als Lieblingsjünger Jesu bezeichnet. Er hat uns auch ein ganz besonderes Evangelium übermittelt, nur wenige Wunder, dafür aber umso mehr die Reden Jesu, seine Lehren, seine Botschaft. Man hat das Gefühl, das er wirklich gut verstanden hat, was Jesus zu sagen hatte.

Er, der seinem Herrn immer besonders nahe war, bekommt hier aber ein Gefühl des Abstandes, ja von Welten die sich da zwischen ihm und Jesus auftaten, die er nicht verarbeiten konnte. Jetzt geht es nicht mehr darum, dass sich der Herr klein macht für uns Menschen, um uns auf unserer Ebene zu begegnen, sondern umgekehrt: Johannes musste seine Perspektive verändern und so sagt ihm Jesus in der nächsten Vision auch deutlich: Komm herauf zu mir! – Aber noch sind wir nicht so weit.

Schließen wir einmal unsere Augen und lassen das Bild des göttlichen Menschensohnes auf uns wirken:

***(1,13) ...angetan mit einem langen Gewand und gegürtet um die Brust mit einem goldenen Gürtel.***
***(1,14) Sein Haupt aber und sein Haar war weiß wie weiße Wolle, wie der Schnee, und seine Augen wie eine Feuerflamme***
***(1,15) und seine Füße wie Golderz, das im Ofen glüht, und seine Stimme wie großes Wasserrauschen;***
***(1,16) und er hatte sieben Sterne in seiner rechten Hand, und aus seinem Mund ging ein scharfes, zweischneidiges Schwert, und sein Angesicht leuchtete, wie die Sonne scheint in ihrer Macht.***
***(1,17) Und als ich ihn sah, fiel ich zu seinen Füßen wie tot; und er legte seine rechte Hand auf mich und sprach zu mir: Fürchte dich nicht! Ich bin der Erste und der Letzte ...***

*„Fürchte dich nicht!"* Wie oft sagen das Engel Gottes zu Menschen, die eine Begegnung mit der unsichtbaren Welt haben und damit nicht zurechtkommen! Aber mir klingt das in diesem Moment viel zu förmlich. Die Formulierung „Hab' keine Angst!" würde hier wohl besser passen. Denn zwischen beiden gab es ein inniges, persönliches Verhältnis.

Ich möchte Sie einladen, an dieser Stelle einmal das erste Kapitel des Hebräerbriefes zu lesen. Hier wird die Bedeutung und Berufung Jesu noch viel ausführlicher beschrieben und das ist wichtig, denn wenn wir die Bedeutung der Offenbarung verstehen wollen, müssen wir wissen, wer dahintersteht und in welcher Autorität er spricht: Jesus, der Erste und Einzige, den der Vater geboren hat und dem er alle Herrschaft übertragen hat, damit er *„König aller Könige und Herr aller Herren"* sei (Offb 19,16).

***(1,18) ... und der Lebendige. Ich war tot, und siehe, ich bin lebendig von Ewigkeit zu Ewigkeit und habe die Schlüssel des Todes und der Hölle.***

Wie muss der Teufel da zittern! Seine Tage sind gezählt. Ich weiß, dass es für viele Christen der Gegenwart eine Zumutung ist, an einen persönlichen Satan zu glauben. Aber das ist mit Sicherheit eine tragische Dummheit und ignoriert zudem viele Erfahrungen, die Menschen gemacht haben, die in der Welt des Okkultismus leben bzw. gelebt haben.

Jedenfalls sollte uns immer bewusst sein, dass Jesus der Menschensohn, auch Autorität und Vollmacht über Tod und Hölle hat (im Griechischen hier: *Thanatos* und *Hades*).

***(1,19) Schreibe, was du gesehen hast und was ist und was geschehen soll danach.***

*„Was ist"* – das ist die Zeit der sieben Gemeinden, der *Ekklesia* (die Herausgerufenen aus der Welt), *„und was geschehen soll danach"* – das ist die Zeit des Tages des Herrn (vgl. 1 Thess 5,1-11). Hier geht es nicht um einen 24-Stunden-Tag, sondern um eine **Epoche**, eben die Zeit Gottes (*Kairos*), die Johannes ab Kapitel 4 beschreibt.

Aber wir sollten vielleicht etwas weiter ausholen, um die Bedeutung dieses kurzen Satzes noch besser zu verstehen. Die Zeit der Niederschrift der Apokalypse Jesu war der Beginn einer großen Diaspora, einer Zerstreuung des jüdischen Volkes in alle Welt. Siehe dazu folgende Gliederung der Geschichte Israels:

- Die Urzeit: von der Schöpfung bis zu Abraham
- Die Zeit Israels: von Abraham bis zu Jesu erstem Kommen
- Die Zeit der Diaspora bzw. die Zeit der Nationen nach Lukas 24,21: vom jüdisch-römischen Krieg 70/71 bis zu Jesu Wiederkunft
- Die Zeit der Wiederherstellung Israels

Die Zeiten der Nationen gehen zu Ende, denn Jerusalem ist heute wieder in der Hand Israels. Ebenso geht auch die Zeit der großen Diaspora ihrem Ende entgegen, denn immer mehr Juden kehren in das Land der Väter zurück. Beide Entwicklungen überlappen sich natürlich.

Paulus erklärt in Römer 11,25 die Bedeutung dieser Phasen: Eine **Vollzahl** gläubiger Menschen aus jedem Volk wird für Gott gewonnen werden. Die Zeiten der Nationen sind die Zeiten **für** die Nationen mit vielen Erweckungsbewegungen. Es ist die Zeit der zweitausendjährigen Kirchengeschichte, die bis heute gilt. Eine Zeit, die Jesus mit nur wenigen Worten beschreibt: *„Schreibe ... was ist."*

Israel verschwindet derweilen von der Landkarte und existiert nur noch in der Verbannung mit vielen Plagen und Pogromen. Es ist die Zeit der Verstockung für das auserwählte Volk des ersten Bundes. Und so endet auch das erste Kapitel mit einem deutlichen Fokus auf die Zeit des kommenden Christentums. Die unausgesprochene Tragik dabei ist (und zugleich bildet dies auch eine wichtige Frage, die man erst heute zu beantworten vermag): Verliert der jüdische Messias hier seine Identität? Darauf werden wir noch antworten müssen!

***(1,20) Das Geheimnis der sieben Sterne, die du gesehen hast in meiner rechten Hand, und der sieben goldenen Leuchter ist dies: Die sieben Sterne sind Engel der sieben Gemeinden, und die sieben Leuchter sind sieben Gemeinden.***

Der siebenarmige Leuchter im Tempel (dem Tempel, der schon zerstört ist, als Johannes die Offenbarung empfängt) wird nun zum Symbol der neutestamentlichen Gemeinden und die sieben Gemeinden selbst sind über Boten Gottes (*aggelos* = Bote/Engel) mit dem Himmel verbunden, eigentlich mit dem Thron Gottes selbst. Denn das ist jetzt der Platz Jesu bis zu seiner Wiederkunft (vgl. Apg 7,55 und Hebr 9,24).

# Kapitel 2

# Die Sendschreiben an Ephesus, Smyrna, Pergamon und Thyatira

An sieben Gemeinden – häufig verstanden als sieben kirchengeschichtliche Epochen mit deutlichem Abwärtstrend und wenigen Ausnahmen dazwischen. Wahr ist aber auch, dass diese Gemeinden damals zu gleicher Zeit im sogenannten Kleinasien, dem Gebiet der heutigen Türkei, existierten, also nicht zeitlich hintereinander, sondern **nebeneinander**.

Deshalb glaube ich, dass eine zeitliche Einordnung gar nicht so wichtig ist, sondern dass es vielmehr um eine geistliche Auslegung geht. Nicht nur aus Gründen der Übersichtlichkeit beschränke ich mich deshalb hier auf die charakteristischen Merkmale dieser sieben Gemeindesituationen und verzichte auf die Erklärungen der natürlich auch vorhandenen zeitgeschichtlichen Komponenten.

## Das erste Sendschreiben

Die erste Nachricht richtet der Herr an seine Gemeinde in **Ephesus:**

***(2,1) Dem Engel der Gemeinde in Ephesus schreibe: Das sagt, der da hält die sieben Sterne in seiner Rechten, der da wandelt mitten unter den sieben goldenen Leuchtern:***

***(2,2) Ich kenne deine Werke und deine Mühsal und deine Geduld und weiß, dass du die Bösen nicht ertragen kannst; und du hast geprüft, die da sagen, sie seien Apostel und sind's nicht, und hast sie als Lügner befunden,***

***(2,3) und hast Geduld und hast um meines Namens willen die Last getragen und bist nicht müde geworden.***

Ephesus galt als Hauptstadt Asiens und war eine berühmte Handelsmetropole. Über die Gemeinde erfahren wir schon aus Apostelgeschichte 19 einiges. Es war eine Gemeinde, die zu Beginn durch eine starke Erweckungsbewegung geprägt wurde. Ihr Markenzeichen war die Liebe Jesu. Deshalb gab es auch sehr viel Positives: Geduld beim Ertragen von Belastungen, Entlarvung falscher Apostel und Lügner. In dieser Gemeinde hatte das Böse keinen Platz und man konnte von vielen guten Werken berichten.

Paulus schreibt dieser Gemeinde einen ganz besonderen Brief, seinen berühmten Epheserbrief, eine Botschaft voll geistlicher Tiefe und Erkenntnis, die man nur solchen Leuten zumuten kann, die dafür die geistliche Reife besitzen. Jetzt haben wir in Ephesus die zweite oder vielleicht sogar die dritte Generation nach Paulus vor uns. Was hat Jesus jetzt zu sagen?

Übrigens, zuvor noch etwas Wichtiges: Für jede dieser sieben Gemeinden gibt es eine Reihenfolge, die immer wiederkehrt:

- Jesus stellt sich vor, immer im Blick auf die Not dieser Gemeinde.
- Als guter Psychologe hebt er zuerst das Positive hervor.
- Danach folgen die Diagnose und die Aufforderung zur Umkehr.
- Und schließlich zuletzt eine wunderbare Verheißung für die Überwinder.

Für Ephesus ein trauriges Urteil:

***(2,4) Aber ich habe gegen dich, dass du die erste Liebe verlässt.***
***(2,5) So denke nun daran, wovon du abgefallen bist, und tue Buße und tue die ersten Werke! Wenn aber nicht, werde ich über dich kommen und deinen Leuchter wegstoßen von seiner Stätte – wenn du nicht Buße tust.***
***(2,6) Aber das hast du für dich, dass du die Werke der Nikolaïten hassest, die auch ich hasse.***

Würde Paulus noch einmal einen Brief an die Gemeinde in Ephesus schreiben, würde dieser vielleicht so klingen:

*Meine lieben Geschwister,*

*nehmt das Wort Jesu ernst! Erinnert euch an die Anfänge! Lebt mit Jesus wieder so wie früher, als eure Eltern noch lebten und ich noch bei euch war! Wenn ich daran denke, was ihr verloren habt, blutet mir das Herz. So kann und so darf es nicht weitergehen! Ohne Liebe ist euer Glaube nur noch eine kalte Theorie, ohne Leben und ohne die Kraft des Geistes! Sie macht euch herzlos, mitleidlos und gesetzlich, auch selbstgerecht und überheblich. Nur warmherzige Menschen kennen das Herz Jesu und werden seine Gemeinschaft genießen können!*

Falls nichts passiert, wird und muss es leider Konsequenzen geben: Ephesus wird aus der Gemeinschaft der anderen Gemeinden entfernt. Aber es gibt auch Hoffnung für jene, die diese Botschaft als Reden des Heiligen Geistes für sich selbst annehmen können. Sie werden innerlich zerbrechen und den Geist Jesu einladen, diese Liebe in voller Kraft wieder neu in ihren Herzen auszugießen (vgl. Röm 5,5). So werden sie zu Überwindern und Teilhabern einer wunderbaren Verheißung, einer Erfahrung, die sie verloren haben:

***(2,7) Wer Ohren hat, der höre, was der Geist den Gemeinden sagt! Wer überwindet, dem will ich zu essen geben von dem Baum des Lebens, der im Paradies Gottes ist.***

Das heißt: Göttliches Leben aus der Hand Jesu im Überfluss!

Übrigens: Auf dem Konzil von Ephesus im Jahr 431 n. Chr. wurde Maria, die Mutter Jesu, zur „Gottesgebärerin" erklärt. Das war ein wichtiger Schritt in Richtung katholischer Marienverehrung. Die Bevölkerung von Ephesus nahm die Verkündigung dieses Dogmas mit ungeheurem Jubel auf. Das heidnische Ephesus hatte ursprünglich Artemis, eine vorderasiatische Muttergottheit, verehrt (vgl. Apg 19,21 ff.). Nun belebte man unter christlichem Vorzeichen wieder, was Paulus so sehr bekämpft hatte. – So viel zum Thema „die erste Liebe verlassen"!

## Das zweite Sendschreiben

Das zweite Sendschreiben geht nach **Smyrna.** Diese Stadt lag etwa 60 Kilometer nördlich von Ephesus, war ebenfalls eine blühende Handelsmetropole und Mittelpunkt des Kaiserkultes. Der Name der Stadt ist von Myrrhe abgeleitet, einem getrockneten Harz, das man für Opferzwecke und die Herstellung von Kosmetik verwendete.

***(2,8) Und dem Engel der Gemeinde in Smyrna schreibe: Das sagt der Erste und der Letzte, der tot war und ist lebendig geworden.***

Die Gemeinde in Smyrna hatte auf Grund des Kaiserkultes viel Verfolgung zu ertragen und deshalb erinnert Jesus sie auch an das, was er selbst durchgemacht hat: Verfolgung bis zum Tod am Kreuz.

***(2,9) Ich kenne deine Bedrängnis und deine Armut – du bist aber reich – und die Lästerung von denen, die sagen, sie seien Juden und sind's nicht, sondern sind die Synagoge des Satans.***

Jesus kann mitfühlen und lässt sie das auch wissen. Er sagt ihnen auch etwas, was sie sicherlich schon selbst erfahren haben: Die äußerliche Bedrängnis ist nichts gegen ihren inneren Reichtum. Warum? Weil der Heilige Geist bei aller Verfolgung so viel Gewissheit der Gegenwart des Herrn, so viel Freude, so viel Glauben und Liebe schenkt, dass körperliche Schmerzen oder Hunger, oder was es auch immer sonst noch sein mag, ihnen nichts mehr anhaben können.[1]

***(2,10) Fürchte dich nicht vor dem, was du leiden wirst! Siehe, der Teufel wird einige von euch ins Gefängnis werfen, damit ihr versucht werdet, und ihr werdet in Bedrängnis sein zehn Tage. Sei getreu bis an den Tod, so will ich dir die Krone des Lebens geben.***

Für diese Gemeinde gibt es keinen Tadel, sondern nur Ermutigung: Sei treu! Ewiges Leben wartet auf dich!

Treue fällt einem nicht so einfach in den Schoß! Es wird Opfer kosten und innere Kämpfe. Aber wenn wir durchhalten, dann werden wir eine ewige Siegeskrone tragen dürfen. Denken wir an Petrus. Er war sich so

---

1 *„...die Lästerung von denen, die sagen, sie seien Juden und sind's nicht, sondern sind die Synagoge Satans."* – Eine Auslegung zum zeitgeschichtlichen Teil der sieben Sendschreiben erklärt diesen Satz so, dass Jesus hier die Samaritanischen Synagogen gemeint hat, die es in jener Zeit noch sehr zahlreich gab.

sicher, dass er bereit war, für Jesus zu sterben, und versagte doch so kläglich! Und die Verheißung Jesu für die Überwinder in Smyrna? Sie lautet: Nie wieder werdet ihr das, was ihr hier auf dieser Erde an Not durchmachen musstet, noch einmal erleben:

***(2,11) Wer Ohren hat, der höre, was der Geist den Gemeinden sagt! Wer überwindet, dem soll kein Leid geschehen von dem zweiten Tode.***

Das Leiden des zweiten Todes – was ist damit gemeint? Nach meinem Verständnis das Endgericht. Wir werden das Thema in Offenbarung 20,12 noch einmal aufgreifen.

Wie könnte eine Nachricht von Paulus an die Gemeinde in Smyrna lauten? Möglicherweise so:

*Liebe Gemeinde in Smyrna, fürchte dich nicht!*

*Es wird dich viel kosten, Jesus nachzufolgen. Einige von euch werden um seines Namens willen gefoltert werden und manche sogar daran sterben. Ihr werdet viel leiden müssen! Vor allem werdet ihr gehasst werden und ausgestoßen sein aus euren Familien.*
*„Aber all das kenne ich auch", sagt Jesus, und er fühlt mit euch und weiß, wie euch zumute ist! Die Ungläubigen verstehen nicht, warum ihr so standhaft seid. Sie kennen nicht die Gegenwart des Heiligen Geistes in euch. Ihr aber wisst um diesen wunderbaren Schatz. Durch ihn ist der Herr bei euch. Er wird euch seine Gaben schenken. Ihr werdet in Vollmacht den Menschen dienen, die keine Hoffnung haben. Ihr werdet sie heilen, sie segnen und im Dienst für Jesus wird euch Stärke zufließen und Kraft, um zu überwinden. Lasst euch nicht unterkriegen! Wir sind stolz auf euch!*

## Das dritte Sendschreiben

Die dritte Nachricht betrifft die Gemeinde in **Pergamon.**

Die Stadt Pergamon war der Sitz der römischen Verwaltung und des römischen Obergerichts sowie das Zentrum des Kaiserkultes. Hier gab es viele Tempel, unter anderem den berühmten Pergamonaltar.

Jesus erinnert die Gemeinde in Pergamon zuerst daran, dass er ein scharfes zweischneidiges Schwert in der Hand hält. Das ist eine Gerichtsankündigung und klingt gar nicht gut:

***(2,12) Und dem Engel der Gemeinde in Pergamon schreibe: Das sagt, der da hat das scharfe und zweischneidige Schwert: ...***

Obwohl Pergamon die Stadt des Gottes Zeus ist (und nicht nur des Zeus!) und damit der *„Thron Satans"*, hat die dortige Gemeinde Jesus nicht verleugnet und den Glauben bewahrt.

***(2,13) ... Ich weiß, wo du wohnst: da, wo der Thron des Satans ist; und du hältst an meinem Namen fest und hast den Glauben an mich nicht verleugnet, auch nicht in den Tagen, als Antipas, mein treuer Zeuge, bei euch getötet wurde, da, wo der Satan wohnt.***

Eine Gemeinde am Thron Satans – was für eine Herausforderung und was für eine Gefahr! Ich bin sicher, dass hiermit der bekannte Pergamonaltar gemeint ist, der ausgegraben und nach Berlin gebracht wurde. Ist das die Ursache für den Fluch, der in der neueren Geschichte von Berlin ausgegangen ist?

Jedenfalls schafft es die Gemeinde nicht, die Irrlehrer aus ihren Reihen zu verbannen.

***(2,14) Aber einiges habe ich gegen dich: Du hast Leute dort, die sich an die Lehre Bileams halten, der den Balak lehrte, die Israeliten zu verführen, vom Götzenopfer zu essen und Hurerei zu treiben.***

Es gab in Pergamon offensichtlich Gemeindeglieder, die zur Zusammenarbeit mit Götzenanbetern und den Vertretern des Kaiserkultes der Stadt ermutigten und aufforderten. Vielleicht verteidigten sie sich mit den Worten: Wir halten an unserem Glauben **im Herzen** fest. Was wir nach außen tun, hat keine Bedeutung, Jesus vergibt uns das sicherlich. Aber Jesus nennt sie Vertreter der *„Lehre Bileams"* (vgl. 3 Mose 31,16).

Wer war Bileam? Ein Prophet des lebendigen Gottes aus Mesopotamien. Er wurde von Balak, dem König der Moabiter (östlich des Jordans) geholt, um gegen Geld Israel zu verfluchen. Aber der Prophet konnte der Macht Gottes nicht widerstehen, er musste segnen (vgl. 3 Mose 22-24).

Um sich trotzdem die versprochene Belohnung zu verdienen, gab er dem König einen teuflischen Rat: Lade das Volk Israel zu deinen Festen ein und verführe sie zum Götzendienst, dann wird die Kraft Gottes von ihnen weichen (vgl. 3 Mose 25,1-3)!

***(2,15) So hast du auch Leute, die sich in gleicher Weise an die Lehre der Nikolaïten halten.***

Wer waren die Nikolaïten? Man vermutet, dass es Vertreter der Gnosis waren, die das Eindringen dieser griechischen Philosophie in die Christengemeinden vorantreiben wollten. Diese Leute lehrten die Erlösung durch Erkenntnis (griechisch: *Gnosis*) und waren schon in Ephesus aktiv, dort aber noch unbedeutend. Hier hatten sie offensichtlich mehr Einfluss.

***(2,16) Tue Buße; wenn aber nicht, so werde ich bald über dich kommen und gegen sie streiten mit dem Schwert meines Mundes.***

Es muss schon bitter sein, wenn man so blind geworden ist, dass man sich den Herrn der Gemeinden zum Feind gemacht hat. Kann uns das eigentlich auch passieren?

Es gibt aber auch diejenigen, die die Mahnung des Geistes hören und den Mainstream des Synkretismus (den die Bibel mit „Hurerei" bezeichnet) nicht mitmachen. Ihnen gilt eine sehr interessante dreifache Verheißung:

***(2,17) Wer Ohren hat, der höre, was der Geist den Gemeinden sagt! Wer überwindet, dem will ich geben von dem verborgenen Manna und will ihm geben einen weißen Stein; und auf dem Stein ist ein neuer Name geschrieben, den niemand kennt, als der, der ihn empfängt.***

- verborgenes Manna,
- ein weißer Stein und
- ein neuer (geheimer) Name.

Der Sieger in einem sportlichen Wettkampf bekam im antiken Griechenland einen weißen Stein mit seinem eingravierten Namen.

Aber das war nicht alles: Pergamon war auch Sitz der römischen Gerichtsbarkeit und wer sich hier zu verantworten hatte, empfing sein Urteil durch eine Hand voll weißer und schwarzer Steine, je nachdem, wie der Fall bewertet wurde: Schwarze Steine in der Mehrzahl bedeuteten eine Verurteilung, weiße Steine in der Mehrzahl dagegen Freispruch. Schwerpunkt der Anklage Jesu gegen die Gemeinde war hier die Heuchelei – die **Lehre** Bileams ist gemeint, nicht seine Prophetie! Vielleicht so: „Lasst uns am Opfer für den Kaiser teilnehmen. Im Herzen wissen wir ja doch, was wir wirklich glauben ..."

Diejenigen, die dieser Irrlehre widerstanden haben bzw. widerstehen und darüber zu Siegern geworden sind, erhalten nicht nur einen neuen Namen und damit eine neue Berufung, sondern haben auch Zugang zu einer verborgenen göttlichen Kraftquelle (verborgenes Manna).

*Liebe Gemeinde in Pergamon,*

*stelle dich dem geistlichen Kampf, der dir von Satan auferlegt worden ist. Hab' keine Angst, du wirst siegen! Aber bleibe konsequent. Es ist besser, sich von Mitläufern und halbherzigen Gläubigen zu trennen, als ständig in unfruchtbare Auseinandersetzungen hineingezogen zu werden, die nur Kraft kosten, aber nutzlos sind. Sie vergiften die Atmosphäre eurer Gottesdienste! Diese Leute propagieren Jesu Liebe, haben aber seinen Geist nicht erkannt. Wer ihm nicht gehorcht, kann nicht sein Jünger sein!*
*Nehmt Autorität über die finsteren Mächte, die sich als Engel des Lichtes verstellen, und treibt sie aus! Haltet Satan Jesu Namen entgegen; er kennt die Kraft dieses Namens genau. Entdeckt die Bedeutung von Fasten und Gebet, dann wird es euch gelingen. Überwindet den äußeren und den inneren Feind, dann werdet ihr euch wieder in der Freiheit des Heiligen Geistes bewegen können!*

## Das vierte Sendschreiben

Das vierte Sendschreiben geht an die Gemeinde in **Thyatira.**

Es steht nicht zufällig in der Mitte. Diese Gemeinde ist auch der Mittelpunkt des Zornes des Herrn!

***(2,18) Und dem Engel der Gemeinde in Thyatira schreibe: Das sagt der Sohn Gottes, der Augen hat wie Feuerflammen und seine Füße sind wie Golderz: ...***

Schon die ersten Worte lassen uns einen Schauer über den Rücken laufen: „Das sagt der Sohn Gottes"!

***(2,19) Ich kenne deine Werke und deine Liebe und deinen Glauben und deinen Dienst und deine Geduld und weiß, dass du je länger, je mehr tust.***

Noch gibt es auch Positives über Liebe, Glauben, Dienst und Geduld der Gemeinde zu sagen.

***(2,20) Aber ich habe gegen dich, dass du Isebel duldest, diese Frau, die sagt, sie sei eine Prophetin, und lehrt und verführt meine Knechte, Hurerei zu treiben und Götzenopfer zu essen.***

Wer war Isebel?

Isebel war eine syrophönizische Prinzessin und die Frau des israelitischen Königs Ahab. Sie verführte Israel zum Götzendienst, tötete die Propheten des lebendigen Gottes und trieb Elia in die Flucht (vgl. 1 Kön 19,2). Warum ist Elia, einer der ganz großen Propheten in Israel, in Depressionen versunken (vgl. 1 Kön 19,4) und vor dieser Frau geflohen? Ich kann darauf nur eine Antwort finden:

Er hat ihre geistliche Macht nicht gebrochen! In 1. Könige 18,19 lesen wir, wie Elia den König Ahab dazu auffordert, die 450 Baalspropheten und die 400 Propheten der Aschera zum Berg Karmel zu schicken, um herauszufinden, wer der wahre Gott Israels sei. Nachdem Feuer vom Himmel das Brandopfer Elias auf eindrucksvolle Weise verzehrt hatte, tötete dieser zwar die 450 Baalspropheten, aber nirgendwo steht geschrieben, dass er auch die 400 Propheten der Aschera tötete, die *„vom Tisch Isebels essen"* (vgl. 1 Kön 18,19). Möglicherweise hat Isebel damals ihre Propheten gar nicht geschickt. Auf jeden Fall konnte Elia seinen Auftrag nicht vollständig ausführen. Es kam zu keiner Erweckung und die Spaltung im Volk blieb bestehen.

Die Vollendung seines Dienstes wird erst zum Schluss des Alten Testaments prophezeit (vgl. Mal 3,23-24) und in Offenbarung 11 beschrieben.

Im Sendschreiben an Thyatira wird Isebel eine falsche Prophetin genannt, die die Gläubigen lehrte, Hurerei zu treiben und Götzenopfer zu essen. Eigentlich geht es hier um den gleichen Vorwurf wie zuvor bei Bileam (vgl. Offb 2,14). Der Unterschied ist nur, bei Bileam handelt es sich um eine Lehre, bei Isebel um Prophetie. Beide haben das gleiche Ziel: Verführung.

Bei Isebel ist das aber nun im Gegensatz zu Bileam eine neue Dimension. Sie bezeichnet das, was in ihrem Herzen aus dem Fleisch oder von unten geboren wurde (die „Tiefen des Satans" – 2,24) als göttliche Botschaft und nimmt somit für sich auch göttliche Autorität in Anspruch. Eine Lüge, die ihr enorme geistliche Macht über die Gemeinde sichert. Dieser Einfluss Isebels ist so gefährlich, dass der Herr durchgreifen muss.

***(2,21) Und ich habe ihr Zeit gegeben, Buße zu tun, und sie will sich nicht bekehren von ihrer Hurerei.***
***(2,22) Siehe, ich werfe sie aufs Bett und die mit ihr die Ehe gebrochen haben in große Trübsal, wenn sie sich nicht bekehren von ihren Werken,***
***(2,23) und ihre Kinder will ich mit dem Tode schlagen. Und alle Gemeinden sollen erkennen, dass ich es bin, der die Nieren und Herzen erforscht, und ich werde geben einem jeden von euch nach euren Werken.***

Es gibt aber auch noch den Überrest, die anderen, die sich nicht haben verführen lassen. Ihnen sagt Jesus.

***(2,24) Euch aber sage ich, den andern in Thyatira, die solche Lehre nicht haben und nicht erkannt haben die Tiefen des Satans, wie sie sagen: Ich will nicht noch eine Last auf euch werfen;***
***(2,25) doch was ihr habt, das haltet fest, bis ich komme.***

Ich kenne eine rein zeitgeschichtliche Auslegung der sieben Gemeinden, die die Periode Thyatiras im Mittelalter verortet. Diese Auslegung ist jedoch schon allein deshalb abwegig, weil dann Jesus in dieser Zeit schon wiedergekommen sein müsste, wenn wir Vers 25 ernst nehmen.

Wenn wir aber davon ausgehen, dass es keine Perioden sind, die aufeinanderfolgen, sondern Gemeindecharaktere, die auch nebeneinander existieren können, dann bedeutet dies, dass der Widerstand gegen den Einfluss des Isebel-Geistes auch in der Endzeit noch eine Bedeutung haben wird (wir erinnern uns an die falschen Propheten, von denen Jesus in Matthäus 24,24 spricht).

Abschließend die Verheißung für diejenigen, die bis zum Schluss durchhalten und der Macht Isebels widerstehen, die Überwinder:

***(2,26) Und wer überwindet und hält meine Werke bis ans Ende, dem will ich Macht geben über die Heiden,***
***(2,27) und er soll sie weiden mit eisernem Stabe, und wie die Gefäße eines Töpfers soll er sie zerschmeißen,***

***(2,28) wie auch ich Macht empfangen habe von meinem Vater; und ich will ihm geben den Morgenstern.***
***(2,29) Wer Ohren hat, der höre, was der Geist den Gemeinden sagt!***

Sie erhalten Macht und Gerichtsautorität über die Nationen dieser Welt und den Morgenstern. – Was hat es damit auf sich? Morgensterne sind in Hiob 38,7 machtvolle Lichtgestalten und später im Neuen Testament ein Ausdruck der Herrlichkeit Jesu. Ich deute diese Verheißung so, dass die Überwinder von Thyatira zu ebensolchen Lichtgestalten heranreifen werden. Schließlich lesen wir auch in Daniel 12,3 im Zusammenhang mit einer *„Zeit so großer Trübsal"* von der folgenden wunderbaren Verheißung:

*Und die da lehren, werden leuchten wie des Himmels Glanz, und die viele zur Gerechtigkeit weisen, wie die Sterne immer und ewiglich.*

Die Botschaft Jesu an diese Überwinder muss man natürlich im Kontext des Mainstreams von Thyatira sehen. Ihr Kampf ist unvergleichlich schwerer, wenn sie Jesus treu bleiben wollen. Folglich ist auch ihre Fähigkeit, königliche Autorität auszuüben, sehr viel belastbarer geworden.

*Liebe Gemeinde in Thyatira,*

*Jesus hat seinen Kindern die Gabe der Geisterunterscheidung gegeben. Ihr müsst sie einsetzen, wenn ihr nicht auf falsche Isebel-Prophetien hereinfallen wollt! Für seine Gemeinde ist es existenziell und notwendig, den Unterschied zu kennen zwischen menschlichen Vorahnungen, teuflischen Einflüsterungen und den Offenbarungen des Geistes. Prüft also die Geister! Bleibt immer vorsichtig und schaut auf die Frucht der Propheten.*
*Das wird gerade für die letzten Tage sehr wichtig werden. Denn dann wird es viele geben, die Macht über euch gewinnen wollen. Seid also nicht leichtgläubig! Erinnert euch immer an den letzten Satz Jesu in seinen Botschaften an sein Volk: Hört, was der Geist den Gemeinden sagt! Wer das Reden des Geistes hören kann, der kennt den Unterschied und kann auch das Falsche vom Echten unterscheiden!*

# Kapitel 3

# Die Sendschreiben an Sardes, Philadelphia und Laodicea

## Das fünfte Sendschreiben

Die fünfte Botschaft geht nach **Sardes:**

***(3,1) Und dem Engel der Gemeinde in Sardes schreibe: Das sagt, der die sieben Geister Gottes hat und die sieben Sterne: Ich kenne deine Werke: Du hast den Namen, dass du lebst, und bist tot.***

Jesus offenbart sich hier als derjenige, der die sieben Sterne hat (das waren die sieben Engel der Gemeinden) und die sieben Geister Gottes. Das ist das zweite Mal, dass die sieben Geister Gottes erwähnt werden, die vor dem Thron sind.

Das Urteil Jesu ist tragisch: **Du hast den Namen, dass du lebst, und bist tot.**

Jesus ist das Haupt seines Leibes und damit auch das Zentrum seines „Nervensystems". Er macht der Gemeinde in Sardes klar: Du bist tot! Auch wenn du das nicht glaubst und dein Name etwas anderes vortäuscht. Du bist tot. Du gleichst einer Prothese, die zwar alle Bewegungen des Körpers mitmacht, aber nichts fühlen kann. Es hat keinen Zweck mit toten Christen zu reden, sie müssen zuerst wieder auferweckt werden.

***(3,2) Werde wach und stärke das andre, das sterben will, denn ich habe deine Werke nicht als vollkommen befunden vor meinem Gott.***

Das ist eine bitterernste Ermahnung Jesu: „**Werde wache und stärke das andere, das sterben will!**"

Aber wie? Ich würde mir Beter suchen, die bereit sind, einen echten geistlichen Kampf mit Fasten und Beten zu beginnen. Ich würde mir zuerst die Gemeindeleitung auf die Agenda schreiben und mir aber auch die Leute vom Herrn zeigen lassen, für die es noch Hoffnung gibt. Wenn Sie persönlich in solch einem Kampf stehen, geben Sie nicht auf! Denn jetzt, wenn wir kämpfen, werden die Angriffe erst so richtig beginnen. Satan schläft nicht!

***(3,3) So denke nun daran, wie du empfangen und gehört hast, und halte es fest und tue Buße! Wenn du aber nicht wachen wirst, werde ich kommen wie ein Dieb und du wirst nicht wissen, zu welcher Stunde ich über dich kommen werde.***

Geistliche Wachsamkeit wird durch den Heiligen Geist geschenkt und ist eine Frucht von Hingabe und Gebet. Häufig ist das ein wichtiger prophetischer Dienst, der von Isebels falschen Propheten bis aufs Messer bekämpft werden wird!

Auch für Sardes gibt es eine Möglichkeit der Umkehr: Erinnere dich an deinen Anfang und wie du damals empfangen hast! Geistliche Wachsamkeit ist der Schlüssel, so wie es Jesaja beschreibt. Du brauchst Wächter auf deinen Mauern, die nicht mehr schweigen können (vgl. Jes 62,6). Sonst wird dich die Wiederkunft Jesu überraschen und plötzlich über dich kommen und du wirst unvorbereitet sein, so wie die fünf Jungfrauen im Gleichnis.

Häufig hilft die Erinnerung an den Anfang unseres Glaubens! Da waren wir noch begeistert für Jesus, da haben wir noch viel gebetet, da war alles noch so leicht, und der Herr hat unsere Gebete erhört. Er hat Führung geschenkt, Schutz und Heilung gegeben. Haben wir das wirklich alles verloren? Schweigt der Herr heute?

Man sieht nur noch graue Köpfe in den Gemeinden. Niemand kommt mehr dazu. Ist das nicht furchtbar? Was ist in Sardes passiert?

***(3,4) Aber du hast einige in Sardes, die ihre Kleider nicht besudelt haben; die werden mit mir einhergehen in weißen Kleidern, denn sie sind's wert.***

Zum Schluss gibt es eine Verheißung für die Überwinder, die zugleich aufzeigt, wie dramatisch das Urteil Jesu für sie eigentlich ist, denn sie hatten ihr geistliches Leben verloren.

***(3,5) Wer überwindet, der soll mit weißen Kleidern angetan werden, und ich werde seinen Namen nicht austilgen aus dem Buch des Lebens und will seinen Namen bekennen vor meinem Vater und vor seinen Engeln.***
***(3,6) Wer Ohren hat, der höre, was der Geist den Gemeinden sagt!***

Heißt das im Umkehrschluss nicht, dass derjenige, der nicht seinen geistlichen Tod besiegt und deshalb auch kein Überwinder wird, aus dem Lebensbuch des Lammes gestrichen wird?

*Liebe Gemeinde in Sardes,*

*willst du wissen, was mit dir passiert ist? Jesus sagt, du hast deine Kleider besudelt! Weißt du überhaupt noch, was er damit meint? Du sündigst und sündigst und denkst nicht einmal mehr daran, dafür Vergebung zu suchen, geschweige denn dich zu ändern und Buße zu tun! Du hast einen Weg der Verstockung eingeschlagen. Was ist damit gemeint? Bei einem Baum ist das ein Prozess des Austrocknens der Leitbahnen für Wasser und Nährstoffe. Dieser Prozess beginnt zuerst ganz unscheinbar an den Spitzen der Zweige. Später werden ganze Äste dürr, so dass man sie absägen muss, sonst setzen sich unter der toten Rinde allerlei Schädlinge fest.*
*Die Gemeinde Jesu stirbt nicht an der Sünde, sondern an der Unbußfertigkeit!! Und nun, was soll ich dir noch sagen? Du bist tot und Tote hören nichts mehr. Das sollte dich nachdenklich machen. Wenn das Reden des Herrn zu dir verstummt, dann solltest du aufschreien und verzweifelt eine Gemeinde suchen, die lebt und dir helfen kann!*

## Das sechste Sendschreiben

Das sechste Sendschreiben ist eine ermutigende Botschaft an die Gemeinde in **Philadelphia**, die Gemeinde der Bruderliebe:

***(3,7) Und dem Engel der Gemeinde in Philadelphia schreibe: Das sagt der Heilige, der Wahrhaftige, der da hat den Schlüssel Davids, der auftut und niemand schließt zu, der zuschließt, und niemand tut auf.***

Wir sagten zu Beginn, dass die Art und Weise, wie Jesus sich vorstellt, zugleich auch der Schlüssel ist für die Überwindung der Probleme der Gemeinde. Hier erklärt Jesus, dass ER den „Schlüssel Davids" empfangen hat, ein Bild für die königliche Autorität des Fürsten Israels!

Was bedeutet das nun für die Gemeinde in Philadelphia? Nicht durch eigene Intelligenz, eigene Charakterstärken oder andere menschliche Qualitäten („nicht durch Heer oder Kraft"), sondern durch meinen Geist, spricht der Herr, werden wir siegreich sein (vgl. Sach 4,6)!

***(3,8) Ich kenne deine Werke. Siehe, ich habe vor dir eine Tür aufgetan und niemand kann sie zuschließen; denn du hast eine kleine Kraft und hast mein Wort bewahrt und hast meinen Namen nicht verleugnet.***

Jesus sagt dieser Gemeinde: „Obwohl du weißt, dass du schwach bist (und ich weiß es auch!), hast du mein Wort bewahrt und meinen Namen nicht verleugnet." Das war die Versuchung für Philadelphia. Um sie herum Gemeinden, die das Wort des Herrn eben nicht bewahrt und – verblendet durch neurationalistische Theologie – den Namen des Herrn verleugnet haben. Aber die Gemeinde der Bruderliebe hat sich davon nicht beeindrucken lassen.

***(3,9) Siehe, ich werde schicken einige aus der Synagoge des Satans, die sagen, sie seien Juden, und sind's nicht, sondern lügen; siehe ich will sie dazu bringen, dass sie kommen sollen und zu deinen Füßen niederfallen und erkennen, dass ich dich geliebt habe.***

Der Herr schenkt dieser Gemeinde eine unerwartete Genugtuung, die dann, wenn sie sich ereignet, deutlich seine Handschrift offenbart.

***(3,10) Weil du mein Wort von der Geduld bewahrt hast, will auch ich dich bewahren vor der Stunde der Versuchung, die kommen wird über den ganzen Weltkreis, zu versuchen, die auf Erden wohnen.***

Für diese Gemeinde gibt es, wie schon bei Smyrna, keinen Tadel, sondern viel Segen und die berühmte offene Tür der Bewahrung in der Stunde der globalen Versuchung – vielleicht die endzeitliche Herrschaft des „Antichristen" (Offb 13,13 ff.). Aber damit werden wir uns noch sehr intensiv beschäftigen.

Übrigens, das ist nicht der einzige Hinweis auf die endzeitliche Bedeutung von Philadelphia. Im folgenden Vers wird ausdrücklich erklärt:

***(3,11) Siehe, ich komme bald; halte, was du hast, dass niemand deine Krone nehme!***

Auch hier steht wie in Offenbarung 1,1 für „bald" das Adverb *tachys*. Es bedeutet eigentlich so viel wie „schnell", „unerwartet" oder „plötzlich". Deshalb auch die Ermahnung: „Halte fest, was du hast: deine Geduld, deine Liebe zu mir, zu meinem Wort und zu deinen Geschwistern. Der Teufel wird versuchen, es dir zu rauben!"

***(3,12) Wer überwindet, den will ich machen zum Pfeiler in dem Tempel meines Gottes, und er soll nicht mehr hinausgehen, und ich will auf ihn schreiben den Namen meines Gottes und den Namen des neuen Jerusalem, der Stadt meines Gottes, die vom Himmel herniederkommt von meinem Gott, und meinen Namen, den neuen.***

Der Platz der Sieger von Philadelphia wird in **dem Tempel seines Gottes** sein, sagt Jesus. Diesen Ort werden sie nicht mehr verlassen und Jesus wird auf sie **den Namen seines Gottes** schreiben und den Namen des neuen Jerusalems, **der Stadt seines Gottes**, die vom Himmel herniederkommt **von seinem Gott**. Und zum Schluss auch den **neuen Namen Jesu** selbst.

Es ist wichtig, dass uns hier etwas auffällt: Vier Mal spricht Jesus in diesem einen Satz von seinem himmlischen Vater als von **seinem Gott**! Will Jesus hier die Lehre der Trinität korrigieren?

Was hat das zu bedeuten?

Die Gemeinde in Philadelphia hat offensichtlich Auseinandersetzungen mit Juden, die Jesus zur Synagoge Satans (vgl. Offb 3,9) rechnet. Juden können bis heute Jesus als ihren Messias schon allein deshalb nicht annehmen, weil sie seinen Ursprung (geboren von seinem Gott) nicht annehmen können. Betont Jesus das deshalb so ausdrücklich, weil die Gemeinde genau hier standhaft sein muss und auch sein wird?

Und noch etwas: Die Überwinder in Philadelphia tragen drei neue Namen. Auch das ist kein Zufall. Als Träger dieser Namen wird ihnen durch Jesus bestätigt, dass sie zu Jesu Gott gehören und ewig in seiner Nähe sind. Außerdem, dass sie Bürger des neuen Jerusalems und auch Eigentum Jesu selbst sind.

Wer in der Bibel einen neuen Namen erhält, ist damit immer auch Träger einer neuen Berufung! Schauen wir zum Beispiel auf Abraham, der ursprünglich Abram hieß. Seinem Namen wird ein hebräischer Buchstabe

(„He") eingefügt, der für den Gottesnamen steht, und so wird er zu Abraham, dem Vater vieler Völker (1 Mose 17,5).

Auch Jeschua (Jesus) wird einen neuen Namen tragen, der seine neue Berufung ausdrückt, der „Herr aller Herren" und „König aller Könige" zu sein.

Und beinahe hätte ich das Wichtigste vergessen: Die neue Berufung der Überwinder von Philadelphia ist ihr Dienst im Tempel. Sie werden Säulen sein, geistliche Lastenträger, und das sind sie gewiss auch schon heute. Nur jetzt in einer ganz anderen Position und Autorität, denn dann agieren sie nicht mehr aus einer irdischen Gemeinde heraus, sondern vom Thron Gottes, dem absoluten Mittelpunkt allen Seins.

In einer Zeit, in der jede Sünde überwunden ist, kann es, so glaube ich, auch nicht mehr um Fürbitte gehen wie gegenwärtig, sondern eher um geistliche Geburtsprozesse, die in der unmittelbaren Nähe Gottes eingeleitet werden.

Aber sagt die Apokalypse nicht, dass es im neuen Jerusalem gar keinen Tempel mehr gibt? Darauf habe ich im Moment noch keine Antwort.

***(3,13) Wer Ohren hat, der höre, was der Geist den Gemeinden sagt!***

*Liebe Gemeinde in Philadelphia,*

*du bist geschätzt und geliebt vom Herrn und wirst nicht getadelt, aber trotzdem auch ermahnt, auf der Überholspur der Überwinder zu bleiben. Wie schnell kann etwas zur Gewohnheit werden. Vergiss das nicht!*
*Liebe Geschwister, der Gemeinde in Philippi habe ich einmal Folgendes geschrieben: Ihn möchte ich erkennen und die Kraft seiner Auferstehung und die Gemeinschaft seiner Leiden und so seinem Tode gleichgestaltet werden, damit ich gelange zur Auferstehung von den Toten. Nicht, dass ich's schon ergriffen habe oder schon vollkommen sei, ich jage ihm aber nach ..."* (Phil 3,10-12)
*Der Herr gibt euch eine fantastische Berufung! Bereitet euch schon jetzt darauf vor und habt sie allezeit vor Augen. Das ist ein Ziel von ewiger Bedeutung!*

## Das siebte Sendschreiben

Und nun die siebte und letzte Botschaft, die an die Gemeinde in **Laodicea** geht.

***(3,14) Und dem Engel der Gemeinde in Laodicea schreibe: Das sagt, der Amen heißt, der treue und wahrhaftige Zeuge, der Anfang der Schöpfung Gottes:***

Jesus stellt sich im Blick auf den geistlichen Zustand dieser Gemeinde vor als der, der **Amen** heißt (auch ein Name Jesu!), dazu als den Anfang der Schöpfung, der das gesamte Handeln seines Gottes bezeugen kann. Kein Mensch ist dazu fähig, außer der Menschensohn! Wir leben heute in einer Zeit, in der selbst viele Gläubige nicht mehr bereit sind, an einen Schöpfergott zu glauben. Es ist ihnen damit vielleicht gar nicht bewusst, dass sie auf diese Weise auch das Zeugnis Jesu ablehnen! Ist das dann vielleicht schon Laodicea, wenn man dem Mainstream der Evolution mehr glaubt als der Schrift, nur um sich nicht lächerlich zu machen?

(Wer mit der Schöpfungslehre Probleme hat, dem empfehle ich, sich mit Quantenphysik zu beschäftigen. Man findet im Internet von berühmten deutschen christlichen Professoren der Physik, Biologie oder auch der Astrophysik sehr interessante Vorträge zu diesem Thema.)

***(3,15) Ich kenne deine Werke, dass du weder kalt noch warm bist. Ach, dass du kalt oder warm wärest!***

Laodicea beschreibt aus der Sicht Jesu eine Periode der Gleichgültigkeit. Aus der Sicht der Betroffenen sicherlich eine Zeit der Toleranz und Gerechtigkeit anderen Meinungen gegenüber! Aber Gemeinde bedeutet Ekklesia, und das bedeutet herausgerufen zu sein aus der Welt. Keine Toleranz der Sünde oder irgendwelchen Irrlehren gegenüber!

***(3,16) Weil du aber lau bist und weder warm noch kalt, werde ich dich ausspeien aus meinem Munde.***

Ich habe früher immer sagen hören, dass **wir** „Laodicea" seien. Wir seien die lauen Christen der Endzeit, die Jesus ausspeien wird. Das sei eben so, da könne man nichts machen. Aber ist uns dabei eigentlich bewusst, dass hier eine fatale Schicksalsergebenheit zum Ausdruck kommt? Ein Fatalismus bis hin zur Selbstaufgabe, die bereitwillig den Weg in Richtung Hölle geht?

***(3,17) Du sprichst: Ich bin reich und habe genug und brauche nichts!, und weißt nicht, dass du elend und jämmerlich bist, arm, blind und bloß.***

Was für ein tiefer Abfall vom Evangelium der Liebe und Hingabe, der Opferbereitschaft und Demut!

Laodicea war durch seine Bank- und sonstigen Geldgeschäfte sehr wohlhabend geworden und gehörte zu den reichsten Städten der römischen Welt. Das wurde schon daran deutlich, dass die Bürger nach einem Erdbeben 61 n. Chr. die Stadt aus eigenen Mitteln wieder aufbauen konnten.

Aber das war kein Reichtum, der vor Gott etwas zählt, sondern der mit dieser Welt vergeht und in der Ewigkeit bedeutungslos ist.

***(3,18) Ich rate dir, dass du Gold von mir kaufst, das im Feuer geläutert ist, damit du reich werdest, und weiße Kleider, damit du sie anziehst und die Schande deiner Blöße nicht offenbar werde, und Augensalbe, deine Augen zu salben, damit du sehen mögest.***

Laodicea war auch bekannt für seine Tuchindustrie und die Herstellung ganz besonderer Tuniken. Das waren Überhänge aus tiefschwarzer, glänzender Wolle von Schafen, die man im Umland züchtete. Doch Jesu Rat lautete: Ziehe weiße Kleider an, damit man deine Nacktheit nicht sieht!

Außerdem gab es in Laodicea eine bekannte Ärzteschule, die wegen ihrer Ohren- und Augensalben, die dort hergestellt wurden, weltberühmt war.

***(3,19) Welche ich liebhabe, die weise ich zurecht und züchtige ich. So sei nun eifrig und tue Buße!***

Was wird Jesus tun? Gute Worte fruchten ja vielleicht nicht mehr. Jedenfalls wissen wir, dass er die Christen von Laodicea nicht einfach aufgibt, sondern dass er sie schlägt, um sie zu retten.

Mir fällt an dieser Stelle eine Geschichte ein, die uns helfen kann, mit dieser schwierigen Botschaft umzugehen:

Ein Beduine, der mit seiner Ziegenherde durch eine karge Landschaft zog, hatte ein Problem mit einem kürzlich geborenen Jungtier. Das Muttertier hatte sich verletzt und war später an seinen Verletzungen gestorben. Jetzt suchte das Junge natürlich seine Mutter und lief häufig weg, bis es der Ziegenhirte leid war, das Tier immer wieder suchen zu müssen. So fing er es ein und brach ihm ein Bein.

Danach schiente er es wieder und pflegte das Tier gesund. Ergebnis dieser auf den ersten Blick lieblosen und brachialen Methode: Die junge Ziege entwickelte eine ganz besondere Beziehung zu ihrem Hirten, erkannte ihn als „Leittier" an und wich von da an nicht mehr von seiner Seite.

***(3,20) Siehe, ich stehe vor der Tür und klopfe an. Wenn jemand meine Stimme hören wird und die Tür auftun, zu dem werde ich hineingehen und das Abendmahl mit ihm halten und er mit mir.***

Es gibt ein Nachkriegsdrama von Wolfgang Borchert mit dem Titel „Draußen vor der Tür". Ich weiß nicht, ob die Ähnlichkeit zu den Worten Jesu gewollt oder Zufall ist. Wolfgang Borchert schildert jedenfalls einen Heimkehrer aus russischer Kriegsgefangenschaft, der zurück in seiner Heimatstadt Hamburg keinen Platz mehr zum Leben findet. „Ein Drama, das kein Theater spielen will" – so lautete der Untertitel.

Jesus könnte sich so gefühlt haben, als er seine Gemeinde in dieser Stadt Laodicea aufsuchen wollte ...

***(3,21) Wer überwindet, dem will ich geben, mit mir auf meinem Thron zu sitzen, wie auch ich überwunden habe und mich gesetzt habe mit meinem Vater auf seinen Thron.***
***(3,22) Wer Ohren hat, der höre, was der Geist den Gemeinden sagt!***

Der Heilige Geist redet und auch deshalb ist er eine göttliche Person! Es hat Folgen, wenn wir ihn ignorieren – tödliche Folgen.

*Jesus kann dich nicht ertragen, Gemeinde Laodicea!*

*Du bist total verblendet und glaubst, dass du reich bist und nichts brauchst, aber es ist genau umgekehrt!*
*Ja, es ist wahr, Jesus liebt dich trotzdem noch, aber er steht vor der Tür und klopft von draußen an! Öffne ihm dein Herz, sonst belügst und betrügst du dich nur selbst! Kannst du seine Stimme überhaupt noch hören?*
*Fragst du dich nicht manchmal, wann sich dein Verhältnis zu ihm abgekühlt hat? Wann du seinen Korrekturen gegenüber taub geworden bist und ab wann er aufgehört hat zu reden und du aufgehört hast zu beten? Trotzdem hat er dich immer noch nicht aufgegeben: „Welche ich liebhabe, die weise ich zurecht und züchtige ich!"*

*Es muss anders werden in deinem Leben! Wenn du das schaffst, dann bist du zu einem Überwinder geworden und wirst mit Jesus Gemeinschaft haben auf seinem Thron.*

**Lehren, die wir aus diesen sieben Sendschreiben für uns persönlich oder für unsere Gemeinde ziehen sollten:**

1. Jesu Kampf gegen die Verweltlichung seiner Gemeinden hört nicht auf. Dieser beginnt in Pergamon, erreicht in Thyatira einen vorläufigen Höhepunkt und endet mit Laodicea.
2. Indem sich Jesus seinen Gemeinden immer anders vorstellt, ist das zugleich eine Hilfe zur Lösung ihrer Probleme und Nöte und auch Teil seiner Apokalypse.
3. Werden die Korrekturen angenommen? Wir wissen es nicht wirklich. Viele Abspaltungen sollte man allerdings positiv sehen. Sie waren ein Versuch der Rückkehr zum biblischen Glauben.
4. Ich frage mich heute: Wie werden ihre Gottesdienste ausgesehen haben? Wie ihr persönliches Gebetsleben und ihre Anbetungszeit als Gemeinde? Mit anderen Worten: Wo würden wir uns wohlfühlen, wenn wir diese sieben Gemeinden einmal der Reihe nach besuchen könnten? Was würden wir als echt und wahrhaftig empfinden und wie würde uns durch die dortigen Gemeindeglieder die Liebe Jesu begegnen?
   Gegen Ende der Offenbarung, bevor das Gericht über die Hure Babylon hereinbricht, sagt der Herr unmissverständlich: *„Geht hinaus aus ihr, mein Volk, dass ihr nicht teilhabt an ihren Sünden und nichts empfangt von ihren Plagen!"* (Offb18,4). Wenn wir mit unserer Auslegung an diesem Punkt angekommen sind, werden wir unbedingt noch einmal die Verbindung zu den sieben Gemeinden suchen müssen!

5. Die Probleme und ihre Folgen waren und sind im Einzelnen:

| Gemeinde | Probleme | Folgen |
|---|---|---|
| Ephesus | Liebesmangel | Gesetzlichkeit, Religiosität |
| Smyrna (ohne Tadel) | Verfolgungen | Furcht, Leiden, Klagen |
| Pergamon | Verführung | Streit, Kämpfe, Verweltlichung |
| Thyatira | Götzendienst, falsche Propheten | Lügen- und Kontrollgeist, Spaltungen |
| Sardes | Geistlicher Tod | Leben im Fleisch, tote Werke |
| Philadelphia (ohne Tadel) | Geringe Kraft | Geduld, Abhängigkeit vom Herrn, Bewahrung |
| Laodicea (ohne Lob) | Gleichgültigkeit, Lauheit | Selbstgerechtigkeit |

6. Wie schon gesagt, ich kenne eine Auslegung, die die Zeiten der sieben Gemeinden auf sieben kirchengeschichtliche Perioden deutet. Das mag etwas für sich haben, passt aber häufig nicht im Detail. Näher liegt doch die Parallelität der Gemeinden, wobei sich die Gemeindeeigenschaften nicht immer so klar abgrenzen lassen, sondern sich auch gegenseitig überlappen. Zum Beispiel:

   - **Ephesus** – zweite und dritte Generation von Gemeinden in ehemaligen Erweckungsgebieten
   - **Smyrna** – verfolgte Gemeinden, z. B. in moslemischen Ländern
   - **Pergamon und Thyatira** – Staatskirchen in westlichen Ländern
   - **Sardes** – bestimmte ältere Freikirchen
   - **Philadelphia** – Gemeinden in der dritten Welt, z. B. in China
   - **Laodicea** – Kirchen der reichen Länder

7. Diese sieben Gemeindecharaktere und -zustände decken, wie schon gesagt, 2000 Jahre Kirchengeschichte ab. Jesus hält hier jeder seiner

Gemeinden einen Spiegel vor, damit sie sich so sehen kann, wie er sie sieht. Die sieben Engel, von denen Offenbarung 1,20 spricht, sind offensichtlich zuständig für den Kontakt der Gemeinden zum Herrn der Gemeinde. Sie sind als Sterne gebündelt in seiner rechten Hand, die für Befehlsgewalt steht. Hier empfangen sie die Aufträge für „ihre" Gemeinden. Diese Information ist deshalb wichtig, damit die Gläubigen auf der Erde nicht das Gefühl haben, sich selbst überlassen zu sein!

# Kapitel 4

# Vor dem Thron Gottes

Wenn wir davon ausgehen, dass die sieben Sendschreiben unsere Gemeinde-Gegenwart abbilden, dann dürften wir inzwischen an das Ende dieser (Gnaden-)Zeiten der Nationen gelangt sein (vgl. Lk 21,24 und Röm 11,25). Viele sagen, dass die Endzeit schon lange gekommen ist und dass die Wiederkunft Jesu vor der Tür steht. Aber können wir das auch wirklich beweisen? Gibt es eindeutige Belegstellen dazu in der Schrift?

Ja, die gibt es! Es sind jene alttestamentlichen Texte, die die Rückkehr Israels in ihre verheißene Heimat für die Endzeit voraussagen, z. B. Hosea 3,4-5 oder Jeremia 30 und 31.

Da diese ausdrücklichen Endzeittexte aus der Zeit des Sinai-Bundes natürlich auch uns heute betreffen und folglich auch in der Offenbarung wiederzufinden sein müssen, sollten wir sie uns näher anschauen:

## 1. Die Zeitangabe:

*Denn lange Zeit werden die Israeliten ohne König und ohne Obere bleiben, ohne Opfer, ohne Steinmal, ohne Efod und ohne Hausgott. Danach werden sich die Israeliten bekehren und den Herrn, ihren Gott, und ihren König David suchen und werden mit Zittern zu dem Herrn und seiner Gnade kommen in letzter Zeit* (Hos 3,4-5).

## 2. Die Verheißung des Landes:

*Denn siehe, es kommt die Zeit, spricht der Herr, dass ich das Geschick meines Volks Israel und Juda wenden will, spricht der Herr; und ich will sie wiederbringen in das Land, das ich ihren Vätern gegeben habe, dass*

> *sie es besitzen sollen ... Des Herrn grimmiger Zorn wird nicht ablassen, bis er tue und ausrichte, was er im Sinn hat; zur letzten Zeit werdet ihr es erkennen* (Jer 30,3.24).

Der Schriftbeweis, dass wir erst heute in der Endzeit leben, ist deshalb so wichtig, weil auch frühere Generationen schon geglaubt haben, dass dies zu ihrer Zeit bereits der Fall gewesen sei (z. B. Martin Luther).

**Erst die Rückkehr Israels in das verheißene Land ist der Beweis dafür, dass die letzte Zeit angebrochen ist!** Umso wichtiger ist, was uns die Offenbarung dazu zu sagen hat!

Wir beginnen in Kapitel vier mit einer beeindruckenden Thronvision voller Symbolik:

***(4,1) Danach sah ich, und siehe, eine Tür war aufgetan im Himmel, und die erste Stimme, die ich mit mir hatte reden hören wie eine Posaune, die sprach: Steig herauf, ich will dir zeigen, was nach diesem geschehen soll.***

Jesus, der Menschensohn selbst, ist es, der Johannes nun zu einem Perspektivwechsel einlädt: *„Komm herauf!"*

Wichtig vielleicht noch: Es geschieht „nach diesem ...", also nicht während des Gemeindezeitalters, sondern eher am Ende oder besser noch als Abschluss dieser Zeit. Solche Zeitangaben sind für uns wichtig, weil schon im ersten Kapitel ausdrücklich festgehalten ist, dass diese Ereignisse allesamt „tachys" nacheinander kommen sollen. Das heißt, ohne Verzug, und vor allem: Wir dürfen diese Ereignisse nicht anders einordnen, als sie hier vorgegeben sind, also strikt nacheinander, wie die einzelnen Punkte auf einem Tachometer (was übrigens von „tachys" abgeleitet ist).

Unter Berücksichtigung dessen, dass es sich hier vielleicht gar nicht um ein zukünftiges Ereignis handelt, das Johannes als prophetische Vision erlebt, sondern als göttliche Realität (in der Ewigkeit gibt es keine Zeit), würde das bedeuten, dass Johannes der einzige Mensch in Fleisch und Blut ist, der diese Inthronisation Jesu in sein neues Amt miterlebt hat.

***(4,2) Alsbald wurde ich vom Geist ergriffen. Und siehe, ein Thron stand im Himmel und auf dem Thron saß einer.***

Das ist nicht das erste Mal, dass der Geist Gottes einen Menschen in Fleisch und Blut „entführt"! So wird zum Beispiel in Hesekiel 11,1 und 24 beschrieben, wie der Geist den Propheten von Jerusalem nach Babylon

„deportiert". Eine ähnliche Geschichte gibt es auch im Neuen Testament, wo Philippus, der zum Kämmerer von Äthiopien geschickt wurde, nach dessen Taufe vom Geist nach Aschdod ans Mittelmeer entrückt wurde (vgl. Apg 8,39-40).

Wie kann man das erklären? Vielleicht ganz modern durch die Quantenphysik? Ich hätte aber auch noch einen ganz anderen Ansatz: Stellen wir uns einmal vor, es gäbe nur zweidimensionale Lebewesen (Vierecke, Dreiecke, Kreise und ähnliches) ohne die Dimension der Höhe. Nun würden wir von oben hereingreifen und ein Dreieck entfernen. Was würden die anderen zweidimensionalen Wesen glauben? „Ein Wunder ist geschehen!" – Wir wissen es besser!

Wir haben es im letzten Buch der Bibel eben einfach mit einem anderen Universum zu tun, das unserer Welt um Lichtjahre voraus ist. Oder wie wollen wir sonst die Erfahrungen des Propheten Hesekiel in Kapitel 1,4-28; 3,12-15 oder 11,1 deuten? Als Fantasien eines Geisteskranken? Er lebte im 6. Jh. vor Christus, also vor 2600 Jahren! Da hatte noch kein Mensch jemals eine Maschine gesehen. Keiner konnte sich damals vorstellen, was er beschreibt. Heute ist das natürlich anders. Aber vielleicht haben die Regisseure von „Star Wars" aus der Bibel abgeschrieben?

Und nun zu dem Bild, dass sich dem Apostel Johannes bietet:

***(4,3) Und der da saß, war anzusehen wie der Stein Jaspis und Sarder; und ein Regenbogen war um den Thron, anzusehen wie ein Smaragd.***

Ob es einen Künstler gibt, der schon einmal versucht hat, diese Vision zu malen? Ich weiß es nicht und wenn, dann wird er das gleiche Problem haben, wie jeder andere Mensch auch – die Dinge der geistlichen Welt lassen sich einfach nicht beschreiben.

***(4,4) Und um den Thron waren vierundzwanzig Throne und auf den Thronen saßen vierundzwanzig Älteste, mit weißen Kleidern angetan, und hatten auf ihren Häuptern goldene Kronen.***

Was für ein erhabenes Bild! Der Allmächtige in Gemeinschaft mit Vertretern seiner Schöpfung – zwölf aus dem ersten Bund und zwölf aus dem zweiten Bund. Die Kronen, die sie tragen, bedeuten, dass sie bereits eingesetzt sind in ihr himmlisches Amt.

Über die Zahlensymbolik in der Offenbarung werden wir bei Gelegenheit noch ausführlich sprechen.

***(4,5) Und von dem Thron gingen aus Blitze, Stimmen und Donner; und sieben Fackeln mit Feuer brannten vor dem Thron, das sind die sieben Geister Gottes.***

Das Regierungszentrum des Allmächtigen in Aktion! Was soll man da noch sagen? Über die sieben Geister Gottes erfahren wir erst in Offenbarung 5,6 mehr Einzelheiten: Sie sind die Augen des Lammes, gesandt in alle Länder. Darum werden sie auch im Zusammenhang mit der Gemeinde von Sardes erwähnt. Das war die Gemeinde, die glaubte, dass sie lebt, aber das gegenteilige Urteil empfängt. Dass dieser Dienst der sieben Geister auch ein Dienst an den Gemeinden ist, wird übrigens schon allein daran ersichtlich, dass sie die Gemeinden grüßen lassen (Offb 1,4), folglich auch Persönlichkeiten sind.

***(4,6) Und vor dem Thron war es wie ein gläsernes Meer, gleich dem Kristall, und in der Mitte am Thron und um den Thron vier himmlische Gestalten, voller Augen vorn und hinten.***

Die Erlösten am gläsernen Meer – darüber gibt es wunderbare Lieder. Ich bin gespannt, wie es wirklich beschaffen ist. Sicherlich nicht aus Glas.

Aber das sollte nicht unser Fokus sein, sondern die sogenannten vier Gestalten am Thron, voller Augen. Sie beschäftigen uns bis zum Ende dieses Kapitels und sind so seltsam und fremdartig für uns, dass Johannes sie erst einmal ausführlich beschreibt:

***(4,7) Und die erste Gestalt war gleich einem Löwen, und die zweite Gestalt war gleich einem Stier, und die dritte Gestalt hatte ein Antlitz wie ein Mensch, und die vierte Gestalt war gleich einem fliegenden Adler.***

Wir halten fest:

- erstes Wesen= Löwe
- zweites Wesen= Stier
- drittes Wesen= menschliches Antlitz
- viertes Wesen= fliegender Adler

Dem Menschen war es schon immer verboten, sich ein Bildnis von Gott zu erschaffen. Deshalb hat Johannes „den, der auf dem Thron sitzt" auch nicht beschrieben. Anders die Geschöpfe Gottes, sie bekommen eine Gestalt und ein „Gesicht", wenn auch nur symbolisch. Ich glaube an das

Naheliegende, nämlich dass in diesem Fall einfach die Charaktere der himmlischen Thronengel dargestellt werden sollen.

Es ist interessant, dass schon der Prophet Hesekiel, der auch etwas vom Thron Gottes sehen durfte, eine ähnliche Vision geschenkt bekam. Allerdings beschreibt er in seinem Bericht vier Cherubim (Thronengel), die diesen Wesen ähneln, die Johannes sieht (Hes 10,1 ff.).

***(4,8) Und eine jede der vier Gestalten hatte sechs Flügel, und sie waren außen und innen voller Augen, und sie hatten keine Ruhe Tag und Nacht und sprachen: Heilig, heilig, heilig ist Gott der Herr, der Allmächtige, der da war und der da ist und der da kommt.***

Wir nennen diese Anbetungshymnen auch Doxologien. Häufig wird dabei im Voraus beschrieben, was im Folgenden geschehen wird. Jedenfalls sind diese vier Engelwesen Geschöpfe, die dem Thron am nächsten sind und deshalb auch die göttliche Kraft in voller Wucht aushalten müssen.

***(4,9) Und wenn die Gestalten Preis und Ehre und Dank gaben dem, der auf dem Thron saß, der da lebt von Ewigkeit zu Ewigkeit,***

***(4,10) fielen die vierundzwanzig Ältesten nieder vor dem, der auf dem Thron saß, und beteten den an, der da lebt von Ewigkeit zu Ewigkeit, und legten ihre Kronen nieder vor dem Thron und sprachen: ...***

Wir erleben hier zum ersten Mal, wie eine Anbetungshymne unter den vier Geschöpfen am Thron geboren wird und sich fortsetzt. Es sind Wellen der Anbetungssalbung, die die Geschöpfe Gottes erfasst und bis ans Ende seiner Schöpfung flutet, wenn es denn für den Unendlichen überhaupt ein Ende gibt.

***(4,11) Herr, unser Gott, du bist würdig, zu nehmen Preis und Ehre und Kraft; denn du hast alle Dinge geschaffen, und durch deinen Willen waren sie und wurden sie geschaffen.***

Durch seinen Willen und nicht durch den Zufall der Evolution! Wir sind Menschen, die leben, denken, singen, beten, lachen und weinen, weil wir eben keine seelenlosen Roboter sind oder ahnungslose Tiere. Wir tragen das Bild Gottes in uns, auch wenn es manchmal kaum noch zu erkennen ist.

Er hat uns erwählt, ehe die Welt in Existenz gerufen wurde, und er hat uns vorherbestimmt, seine Kinder zu sein (vgl. Eph 1,4-5). Ich weiß, dass man das nur dann glauben kann, wenn einem Gott begegnet ist. Wenn Sie dies noch nicht glauben können, bitten Sie ihn um solch eine Begegnung!

Kapitel 5

# Das Lamm allein ist würdig, die Siegel zu öffnen

***(5,1) Und ich sah in der rechten Hand dessen, der auf dem Thron saß, ein Buch, beschrieben innen und außen, versiegelt mit sieben Siegeln.***

Eine kleine Buchrolle, Abschnitt für Abschnitt versiegelt – heute würde man sicherlich von einem modernen Speichermedium sprechen.

***(5,2) Und ich sah einen starken Engel, der rief mit großer Stimme: Wer ist würdig, das Buch aufzutun und seine Siegel zu brechen?***

Wer wird gesucht? Wir wissen es natürlich: Der erste Mensch, der von den Toten auferstanden ist! Der zukünftige König Israels, der *„alle Herrschaft und alle Macht und Gewalt"* vernichten wird (vgl. 1 Kor 15,20-26) und der Einzige, der es wagen darf, sich Gott zu nahen, ohne sein Leben zu riskieren (vgl. Jer 30,21), der Einzige, der zwischen Gott und den Menschen vermitteln kann (vgl. 1 Tim 1,5), und der Einzige, der Hohepriester geworden ist nach der Ordnung Melchisedeks (vgl. Hebr 5,10).

***(5,3) Und niemand, weder im Himmel noch auf Erden noch unter der Erde, konnte das Buch auftun und hineinsehen.***

Warum nicht?

***(5,4) Und ich weinte sehr, weil niemand für würdig befunden wurde, das Buch aufzutun und hineinzusehen.***

Lassen Sie uns nicht einfach über diesen Satz hinweglesen. Versuchen wir lieber, ihn in seiner Tiefe zu verstehen! Das ist kein normales Weinen.

Hier weint der Heilige Geist in und durch Johannes. Ich kenne das auch. Vielleicht nicht genauso wie hier im Text, aber ähnlich sicherlich, und ich habe es auch schon bei anderen Glaubensgeschwistern miterlebt.

Es ist ein Weinen oder Schluchzen, das über uns kommt und am Ende zu einer erlösenden Erfahrung führt. Es kann ein Weinen des Geistes sein wegen unserer Sünde oder aber auch auf Grund der Lasten, die wir im geistlichen Bereich zu tragen haben.

***(5,5) Und einer von den Ältesten spricht zu mir: Weine nicht! Siehe, es hat überwunden der Löwe aus dem Stamm Juda, die Wurzel Davids, aufzutun das Buch und seine sieben Siegel.***

Jesus, der Sohn Davids und Löwe von Juda ist durch seinen Tod auf Golgatha zum Überwinder geworden und das machte ihn zum Lamm, zum „Lamm Gottes, das der Welt Sünde trägt" (Joh 1,29).

Beachten wir zuerst die Veränderung der Zeitform! Bisher Vergangenheit, danach auch wieder. Nur hier diese Ausnahme: *„... einer von den Ältesten spricht zu mir."*

Überwältigt ihn diese Erfahrung des Geistes bei der Niederschrift an dieser Stelle noch einmal? Erinnern wir uns an die sieben Gemeinden: Die Überwinder sind es, die eine Verheißung empfangen, sie sind die Sieger. Jesus, der Herr seiner Gemeinde, ist davon nicht ausgenommen. Er geht uns nur voran und das ist auch der Grund, weshalb sich niemand sonst im Universum finden kann, der für die Öffnung der Siegel „qualifiziert" wäre, als der zum Opferlamm gewordene „Löwe von Juda" (1 Mose 49,8-10).

Die verschiedenen Namen Jesu offenbaren seine unterschiedlichen Berufungen.

***(5,6) Und ich sah mitten zwischen dem Thron und den vier Gestalten und mitten unter den Ältesten ein Lamm stehen, wie geschlachtet; es hatte sieben Hörner und sieben Augen, das sind die sieben Geister Gottes, gesandt in alle Lande.***

Das gesamte Alte Testament lehrt, dass Sünde die Gemeinschaft des Menschen mit Gott zerstört und gesühnt werden muss. Wer sündigt, muss sterben. Leben gegen Leben. Aber die Schrift lehrt uns auch, dass Gott selbst diesen Fluch durchbricht und das kostbarste Leben, das er besitzt, das Leben seines Sohnes, opfert und gegen Satan in die Waagschale wirft, damit wir gerettet werden können. Das ist die Bedeutung von Golgatha!

Viele Menschen glauben an Gott, aber mit Jesus können sie nichts anfangen. Sie verstehen den Ernst ihrer Lage einfach nicht. Der Prophet Jesaja spricht von diesem Lamm Gottes, als er schreibt:

> *Fürwahr, er trug unsre Krankheit und lud auf sich unsre Schmerzen. Wir aber hielten ihn für den, der geplagt und von Gott geschlagen und gemartert wäre. Aber er ist um unsrer Missetat willen verwundet und um unsrer Sünde willen zerschlagen. Die Strafe liegt auf ihm, auf dass wir Frieden hätten, und durch seine Wunden sind wir geheilt* (Jes 53,4-5).
>
> *Als er gemartert ward, litt er doch willig und tat seinen Mund nicht auf wie ein Lamm, das zur Schlachtbank geführt wird; und wie ein Schaf, das verstummt vor seinem Scherer, tat er seinen Mund nicht auf* (Jes 53,7).
>
> *Wenn er sein Leben zum Schuldopfer gegeben hat, wird er Nachkommen haben und in die Länge leben, und des Herrn Plan wird durch seine Hand gelingen* (Jes 53,10b).

***(5,7) Und es kam und nahm das Buch aus der rechten Hand dessen, der auf dem Thron saß.***

Auffällig ist, dass Gott, der Allmächtige, um den es hier doch geht, nicht nur nicht beschrieben, sondern auch nie beim Namen genannt wird. Er wird umschrieben und bleibt irgendwie im Verborgenen: *„Auf dem Thron saß einer"* (Offb 4,2) und *„der auf dem Thron saß …"* (Offb 5,1). Gott, Ziel und Zentrum aller Schöpfung, ist zumindest hier noch ein Mysterium, ein Geheimnis.

***(5,8) Und als es das Buch nahm, da fielen die vier Gestalten und die vierundzwanzig Ältesten nieder vor dem Lamm, und ein jeder hatte eine Harfe und goldene Schalen voll Räucherwerk, das sind die Gebete der Heiligen …***

Die Gebete der Heiligen gehen nicht verloren! Sie werden von den vierundzwanzig Ältesten „aufbewahrt" und vor dem Thron geopfert.

***(5,9) … und sie sangen ein neues Lied: Du bist würdig, zu nehmen das Buch und aufzutun seine Siegel; denn du bist geschlachtet und hast mit deinem Blut Menschen für Gott erkauft aus allen Stämmen und Sprachen und Völkern und Nationen …***

Hier werden wir mit hineingenommen in eine gewaltige Anbetungshymne. Sie beginnt am Thron unter den vier heiligen Wesen und setzt sich fort durch die vierundzwanzig Ältesten, die ein neues Lied singen und damit eine unvergleichliche Salbung der Anbetung freisetzen. Fantastische Wellen der Freude bahnen sich ihren Weg. Millionen Engel werden angezogen und stimmen in diese Verherrlichung des Lammes mit ein, bis schließlich alle Geschöpfe Gottes erfasst sind, sogar die Toten (vgl. Offb 5,13)!

Das neue Lied ist im Gegensatz zum Lied des Mose (2 Mose 15,1 ff.) das Lied des neuen Bundes. Es ist eine Doxologie auf das Opferlamm Gottes. Er, der Vater, hat mit dem Blut seines Sohnes den Preis bezahlt. Das ist eine juristische Tatsache und wer das annehmen kann, ist erlöst! Ein unbeschreiblicher Lobpreis ist die Folge dieser Erlösung.

***(5,10) ... und hast sie unserem Gott zu Königen und Priestern gemacht, und sie werden herrschen auf Erden.***

Das ist unsere Zukunft! Wir sind Teilhaber der Verheißungen, die Gott auf seinen Sohn gelegt hat und ich glaube nicht, dass sich irgendjemand von uns vorstellen kann, was das eigentlich bedeutet.

Wir werden herrschen auf **Erden**! Dass wir im Himmel ewig nur „Halleluja" singen würden – das konnte sich nur jemand ausgedacht haben, der die Bibel nicht kannte oder einer, der unseren Glauben lächerlich machen wollte!

***(5,11) Und ich sah, und ich hörte eine Stimme vieler Engel um den Thron und um die Gestalten und um die Ältesten her, und ihre Zahl war vieltausendmal tausend;***
***(5,12) die sprachen mit großer Stimme: Das Lamm, das geschlachtet ist, ist würdig, zu nehmen Kraft und Reichtum und Weisheit und Stärke und Ehre und Preis und Lob.***

Die ewige Welt betet das Lamm an! Und nicht nur das:

***(5,13) Und jedes Geschöpf, das im Himmel ist und auf Erden und unter der Erde und auf dem Meer und alles, was darin ist, hörte ich sagen: Dem, der auf dem Thron sitzt, und dem Lamm sei Lob und Ehre und Preis und Gewalt von Ewigkeit zu Ewigkeit!***

Diese Anbetung setzt sich fort, bis sie alle Geschöpfe Gottes erfasst hat und dann werden sich alle Knie vor ihm beugen, wie wir in der Schrift lesen. Und schließlich kehrt sie (diese Welle der Anbetung) zu ihrem Ursprung zurück:

***(5,14) Und die vier Gestalten sprachen: Amen! Und die Ältesten fielen nieder und beteten an.***

Es fällt auf, dass in den bisherigen Doxologien noch nicht von der Einnahme des Reiches für Israel gesprochen wird. Das finden wir erst in Offenbarung 19,11-16 und 20,1-3.

Kapitel 6

# Die Öffnung der ersten sechs Siegel

***(6,1) Und ich sah, dass das Lamm das erste der sieben Siegel auftat, und ich hörte eine der vier Gestalten sagen wie mit einer Donnerstimme: Komm!***

Mit einer Befehlsgewalt ohnegleichen werden nun vier Abschnitte der Buchrolle geöffnet. Jeweils eine der vier heiligen Engelwesen am Thron ruft einen Reiter auf die Bühne der Erde, damit er tut, was ihm befohlen ist. Die Farbe des Pferdes ist charakteristisch für seinen Auftrag.

Das **erste Pferd** ist weiß und der Reiter empfängt Krone und Bogen, um seinen Sieg auf der Erde auszubreiten. Er eröffnet sozusagen die Endzeitereignisse, die nun in der kommenden Zeit die Erde überfluten werden.

***(6,2) Und ich sah, und siehe, ein weißes Pferd. Und der darauf saß, hatte einen Bogen, und ihm wurde eine Krone gegeben, und er zog aus sieghaft und um zu siegen.***

Wer oder was ist hiermit gemeint – die Apokalypse des Antichristen? Oder die Apokalypse der Wiederkunft Jesu? Ganz sicher nichts von beiden. Gehen wir zunächst davon aus, dass dieser erste Reiter eine Periode des Friedens unter den Weltmächten erzwingt („erzwingt" sage ich deshalb, weil er einen Bogen trägt). Ich denke hier an die Erfüllung des prophetischen Wortes im ersten Brief des Paulus an die Gemeinde von Thessaloniki:

> *Wenn sie sagen werden: Es ist Friede, es hat keine Gefahr –, dann wird sie das Verderben schnell überfallen wie die Wehen eine schwangere Frau und sie werden nicht entfliehen* (1 Thess 5,3).

Danach wird ein **zweites Pferd** gerufen. Es ist feuerrot und hat den Auftrag, diese Friedensperiode zu beenden:

***(6,3) Und als es das zweite Siegel auftat, hörte ich die zweite Gestalt sagen: Komm!***
***(6,4) Und es kam heraus ein zweites Pferd, das war feuerrot. Und dem, der darauf saß, wurde Macht gegeben, den Frieden von der Erde zu nehmen, dass sie sich untereinander umbrächten, und ihm wurde ein großes Schwert gegeben.***

Dieser Reiter sorgt dafür, dass sich die Menschen gegenseitig niederhauen, abschlachten und ermorden. Zum Zeichen dafür trägt er ein Mega-Schwert (wie es im Griechischen heißt). Der Reiter bekommt globale Vollmacht, um der ganzen Erde den Frieden wieder zu nehmen!

Hier zeichnet sich der Beginn einer Entwicklung ab, die später immer offensichtlicher wird: Die Erde wird auf einen Globalismus vorbereitet, und zwar so, wie sich das die satanischen Mächte wünschen, um ein antichristliches Weltreich zu etablieren.

***(6,5) Und als es das dritte Siegel auftat, hörte ich die dritte Gestalt sagen: Komm! Und ich sah, und siehe, ein schwarzes Pferd. Und der darauf saß, hatte eine Waage in seiner Hand.***
***(6,6) Und ich hörte eine Stimme mitten unter den vier Gestalten sagen: Ein Maß Weizen für einen Silbergroschen und drei Maß Gerste für einen Silbergroschen; aber dem Öl und Wein tu keinen Schaden!***

Wieder der gleiche Ablauf: Das Lamm öffnet das Siegel, ein heiliges Wesen gibt vom Thron her den Befehl, danach das **dritte Pferd** – diesmal ist es schwarz. Der Reiter trägt eine Waage und beschreibt damit eine enorme Verteuerung der Lebensmittel etwa um das Acht- bis Zehnfache des üblichen Preises.

„*... aber dem Öl und Wein tu keinen Schaden!*" Auch das könnte man wörtlich verstehen als eine enorme Trockenheit, unter der Weizen und Gerste verdorren, aber wo Olivenbäume und Weinstöcke mit ihren bis in 15 Meter Tiefe reichenden Wurzeln doch noch überleben können. Das passt zum Klimawandel und wird auch durch andere Schriftstellen bestätigt, wie zum Beispiel durch Jesaja 24,4 oder Offenbarung 16,8.

***(6,7) Und als es das vierte Siegel auftat, hörte ich die Stimme der vierten Gestalt sagen: Komm!***

***(6,8) Und ich sah, und siehe, ein fahles Pferd. Und der darauf saß, dessen Name war: Der Tod, und die Hölle[1] folgte ihm nach. Und ihnen wurde Macht gegeben über den vierten Teil der Erde, zu töten mit Schwert und Hunger und Pest[2] und durch die wilden Tiere auf Erden.***

Das **vierte und letzte Pferd** der sogenannten apokalyptischen Reiter (vgl. den Holzschnitt von Albrecht Dürer!) ist eigentlich ein *chloroses* (grünlichgelbes) Pferd. Es wird vom Tod geritten, dem die Totenwelt folgt. Ihm fällt der vierte Teil der Menschheit zum Opfer – ca. 2 Milliarden Menschen! Sie sterben durch Kriege, Hungersnöte, Epidemien und wilde Tiere.

Für die *tachys* aufeinanderfolgenden Katastrophen sind natürlich nicht allein nur der Klimawandel oder einzelne Kriege verantwortlich, sondern die Summe der Folgen aller vier Reiter. An dieser Stelle möchte ich eine Verbindung zum alttestamentlichen Propheten Jesaja herstellen. Er schreibt in Kapitel 24 Folgendes:

> *Siehe, der Herr macht die Erde leer und wüst und wirft um, was auf ihr ist, und zerstreut ihre Bewohner* (Jes 24,1).
>
> *Das Land verdorrt und verwelkt, der Erdkreis verschmachtet und verwelkt, die Höchsten des Volks auf Erden verschmachten* (Jes 24,4).
>
> *Die Erde ist entweiht von ihren Bewohnern; denn sie übertreten das Gesetz ...* (Jes 24,5).
>
> *Darum frisst der Fluch die Erde, und büßen müssen's, die darauf wohnen. Darum nehmen die Bewohner der Erde ab, so dass wenig Leute übrigbleiben* (Jes 24,6).

Wer ist die Ursache aller dieser Katastrophen? **Gott selbst**, denn er hat sich aufgemacht, die Erde zu richten! *„Schrecklich ist's, in die Hände des lebendigen Gottes zu fallen!"* heißt es in Hebräer 10,31.

Meine persönliche Frage zu diesen vier Siegelabschnitten aber ist die: Wann fangen sie an? Wir wissen den Anfang nicht. Bis vor Kurzem hatten wir noch eine Periode des Friedens zwischen den Weltmächten – jedenfalls einigermaßen. Urplötzlich hat sich das Blatt gewendet. Die sogenannte „Militäroperation" Russlands gegen die Ukraine hat alles verändert.

---

[1] Der Hades, die Totenwelt.

[2] Wörtl. *thanatos* – Tod.

Seit dem Fall der Berliner Mauer 1989 bis heute sind mehr als 30 Jahre vergangen. Das war eine lange Periode des Friedens zwischen den Weltmächten USA und Russland. War das schon die Zeit des weißen Pferdes? Oder ist es noch zu früh, darüber zu urteilen? Brauchen wir noch mehr Abstand?

Ich kann mir gut vorstellen, dass der *Kairos* Gottes für den Beginn der endzeitlichen „Wehen", von denen wir bei Matthäus lesen, inzwischen gekommen ist:

> *Was wird das Zeichen sein für dein Kommen und für das Ende der Welt* (Mt 24,3)?
>
> *Ihr werdet hören von Kriegen und Kriegsgeschrei; seht zu und erschreckt nicht. Denn das muss so geschehen; aber es ist noch nicht das Ende da. Denn es wird sich ein Volk gegen das andere erheben und ein Königreich gegen das andere; und es werden Hungersnöte sein und Erdbeben hier und dort. Das alles aber ist der Anfang der Wehen* (Mt 24,6-8).

Diese Worte Jesu passen zum zweiten und dritten Siegelabschnitt. Der vierte Siegelabschnitt hingegen ist zurzeit, im Jahr 2023, sicherlich noch nicht gekommen. Dieser könnte aber eine Beschreibung der großen Bedrängnis oder Trübsal sein, die Jesus in den bei Matthäus unmittelbar folgenden Versen beschreibt:

> *Dann werden sie euch der Bedrängnis preisgeben und euch töten. Und ihr werdet gehasst werden um meines Namens willen von allen Völkern. Dann werden viele abfallen und werden sich untereinander verraten und werden sich untereinander hassen. Und es werden sich viele falsche Propheten erheben und werden viele verführen. Und weil die Ungerechtigkeit überhandnehmen wird, wird die Liebe in vielen erkalten. Wer aber beharrt bis ans Ende, der wird selig werden. Und es wird gepredigt werden dies Evangelium vom Reich in der ganzen Welt zum Zeugnis für alle Völker, und dann wird das Ende kommen. Wenn ihr nun sehen werdet das Gräuelbild der Verwüstung stehen an der heiligen Stätte, wovon gesagt ist durch den Propheten Daniel – wer das liest, der merke auf!* (Mt 24,9-15)
>
> *Denn es wird dann eine große Bedrängnis sein, wie sie nicht gewesen ist vom Anfang der Welt bis jetzt und auch nicht wieder werden wird. Und wenn diese Tage nicht verkürzt würden, so würde kein Mensch selig*

*werden; aber um der Auserwählten willen werden diese Tage verkürzt* (Mt 24,21-22).

Ich möchte mir erlauben, an dieser Stelle eine Prophetie einzufügen, die der Herr vor über 50 Jahren gegeben hat. Ich gehe mit zeitgenössischen Prophetien sehr sparsam um und wenn ich auf eine zurückgreife, dann nur nach gewissenhafter Prüfung. Aber diese Prophetie scheint mir in genau diese Zeit hineinzusprechen und von so großer Bedeutung zu sein, dass ich sie hier in voller Länge wiedergeben möchte.

Eine alte Dame im Alter von 90 Jahren aus Valdres in Norwegen erhielt 1968 eine Vision von Gott. Der Evangelist Emanuel Minos hielt Versammlungen in dem Ort ab, wo sie wohnte. Er hat sie getroffen und sie erzählte ihm, was sie gesehen hatte. Er schrieb es auf, meinte aber doch, dass es zu unglaublich klänge und legte es in einer Schublade ab. Dann, fast 30 Jahre später, begriff er, dass er über diese Vision mit anderen sprechen musste. Die Dame aus Valdres war eine wache und vertrauenswürdige Christin, vollkommen geistig auf der Höhe, die einen guten Ruf bei allen hatte, die sie kannten. Sie hatte gesagt:

> Ich sah die Zeit, kurz bevor Jesus kommt und der 3. Weltkrieg ausbricht. Ich sah die Ereignisse mit meinen natürlichen Augen. Ich sah die Welt wie eine Art Globus. Ich sah Europa, ein Land nach dem anderen. Ich sah Skandinavien. Ich sah Norwegen. Ich sah gewisse Szenen, die stattfinden werden, unmittelbar bevor Jesus wiederkommt, kurz bevor das letzte Unglück stattfindet. Ein Unglück, wie wir es noch nie zuvor erlebt haben!

Sie nannte vier Wellen:

1. Bevor Jesus wiederkommt und kurz bevor der „Dritte Weltkrieg" ausbricht, wird es eine Art **Entspannung** geben, wie wir sie nie zuvor gehabt haben! Es wird Frieden sein unter den Großmächten in Ost und West und es wird ein langer Frieden sein.
   („Denkt daran, dass dies 1968 gesagt wurde, in einer Zeit, in der der kalte Krieg auf seinem Höhepunkt war." – E. Minos).
   In dieser Friedensperiode wird in vielen Ländern abgerüstet werden, auch in Norwegen, und wir werden nicht vorbereitet sein, wenn er losbricht. **Der 3. Weltkrieg wird auf eine Weise beginnen, die niemand erwartet hat, von völlig unerwarteter Seite.**

2. Unter den Christen wird eine laue Haltung ohnegleichen entstehen - ein **Abfall vom wahren, lebendigen Christentum.** Die Christen werden nicht offen sein für ernste ermahnende, prophetische Verkündigung, bevor Jesus kommt. Sie wollen nicht wie früher über Sünde und Gnade, Gesetz und Evangelium, Buße und Besserung hören. Stattdessen kommt ein Ersatz: Das Wohlstandsevangelium. Alles wird nur darum gehen, Erfolg zu haben und etwas darzustellen.
   Es wird um materielle Güter gehen. Dinge, die Gott uns niemals auf diese Weise versprochen hat. Kirchen, Gebetshäuser und freikirchliche Gemeindehäuser werden immer leerer werden (andererseits werden mit Millionenaufwand neue Prestigebauten errichtet!). Statt der Verkündigung, wie wir sie durch Generationen hindurch gewohnt waren, z. B. sein Kreuz auf sich zu nehmen und Jesus nachzufolgen, wird Unterhaltung, Kunst und Kultur die Kirchen, Bethäuser und Kapellen erobern, dort wo man um Erneuerung, Heiligung und Zubereitung auf die Wiederkunft Jesu flehend ringen sollte. Das wird in zunehmendem Maße so sein, kurz bevor Jesus wiederkommt.
3. Es wird einen **moralischen Verfall** geben, wie ihn das alte Norwegen so nie zuvor erlebt hat. Die Leute werden in wilden Ehen zusammenleben. („Das war 1968, und ich glaube nicht, dass es zu der Zeit (schon) den Begriff ‚wilde Ehe' gab." – E. Minos)
   Große Unreinheit vor der Ehe und Untreue in der Ehe wird ganz natürlich sein und man wird es auf alle mögliche Weise entschuldigen. Das wird sich sogar in die christlichen Kreise einschleichen und wir dulden das. Auch das Widernatürliche (die Homosexualität) ist Sünde!
   Kurz bevor Jesus wiederkommt, wird es Fernsehsendungen geben, wie wir sie nie zuvor erlebt haben. („Fernsehen war gerade 1968 nach Norwegen gekommen." – E. Minos) Das Fernsehen wird mit Gewalt, grausamer Gewalt erfüllt sein, so dass die Menschen lernen zu morden und sich gegenseitig zu zerstören und man wird sich auf unseren Straßen unsicher fühlen.
   Die Leute werden das nachahmen, was sie sehen. Es wird nicht nur eine Station im Fernsehen geben. („Sie kannte den Begriff ‚Kanal', den wir heute gebrauchen, nicht. Daher nannte sie die Kanäle ‚Stationen'." – E. Minos) Es wird genauso sein wie beim Radio, wo wir einen Sender nach dem anderen einschalten können, und es wird voller Gewalt sein. Die Leute werden es als Unterhaltung benutzen.

Wir werden fürchterliche Szenen von Mord und gegenseitiger Zerstörung sehen – und das wird sich in der ganzen Gesellschaft ausbreiten. Auch Szenen der körperlichen Gemeinschaft in der Ehe werden im Fernsehen gezeigt werden. Das intimste Geschehen in der Ehe wird auf dem Bildschirm erscheinen.
(„Das war 1968, und ich hatte protestiert mit dem Hinweis, dass wir Paragraphen haben, die so etwas verbieten." – E. Minos) Da sagte die alte Dame: „Es wird so geschehen, und du wirst das sehen. Alles, was wir früher hatten, wird niedergerissen werden, und das Unanständigste wird unseren Augen gezeigt werden."

4. **Menschen aus armen Ländern werden nach Europa strömen.** („1968 gab es so etwas wie Einwanderung noch nicht." – E. Minos). Sie werden auch nach Skandinavien und Norwegen kommen. Es werden so viele sein, dass die Leute negativ über sie denken und sie hart behandeln werden. Sie werden behandelt werden wie die Juden vor dem Krieg. Dann wird das Maß unserer Sünden erreicht sein. („Ich protestierte über die Sache mit der Einwanderung. Ich verstand das zu dem Zeitpunkt nicht." – E. Minos). Da strömten Tränen über die Wangen der alten Dame. „Ich kriege das nicht zu sehen, aber du wirst es sehen können."
   **Dann kommt Jesus plötzlich wieder und der 3. Weltkrieg bricht aus!**
   Es wird ein **kurzer Krieg** sein. (Sie konnte ihn in ihrer Vision sehen.) Alles, was ich an Krieg vorhergesehen habe, ist das reinste Spiel im Verhältnis zu dem, und er endet mit Atombomben. Die Luft wird so verunreinigt sein, dass man nicht atmen kann.
   Er wird über mehrere Kontinente kommen: Amerika, Japan, Australien und die reichen Länder. Das Wasser wird verdorben sein. Wir werden den Boden nicht mehr bearbeiten können. Das Resultat wird sein, dass nur ein Rest übrigbleiben wird. Und der Rest aus den reichen Ländern wird versuchen in die armen Länder zu fliehen, aber die werden ebenso hart uns gegenüber sein, wie wir zu ihnen waren. Ich bin so froh, dass ich das nicht mehr zu sehen brauche, aber wenn die Zeit sich naht, musst du Mut fassen und es sagen. Ich habe es von Gott empfangen. Nichts von dem allen ist im Gegensatz zu dem, was die Bibel sagt. **Aber derjenige, dem seine Sünde vergeben ist und der Jesus als Herrn und Erlöser hat, ist geborgen.**[3]

---

[3] https://jesus-blog.de/vision-eine-prophezeiung-von-1968/

Es hat sich bis jetzt alles so erfüllt, wie vorausgesagt:

1. Entspannung zwischen den Großmächten (weißes Pferd)
2. Abfall vom Glauben
3. Moralischer Verfall der Bevölkerung
4. Große Flüchtlingswelle nach Europa
5. Beginn eines Kriegs von „völlig unerwarteter Seite" und damit das Ende der Entspannungszeit

***(6,9) Und als es das fünfte Siegel auftat, sah ich unten am Altar die Seelen derer, die umgebracht worden waren um des Wortes Gottes und um ihres Zeugnisses willen.***

Mose wurde beauftragt, ein irdisches Heiligtum zu bauen, genau nach dem Bild, das ihm von Gott gezeigt wurde, ein Schattenbild des himmlischen Originals, das er auch nachbauen konnte (2 Mose 25,9; Hebr 9,11). Auf den Altar dieses himmlischen Heiligtums wird jetzt unsere ganze Aufmerksamkeit gelenkt:

***(6,10) Und sie schrien mit lauter Stimme: Herr, du Heiliger und Wahrhaftiger, wie lange richtest du nicht und rächst nicht unser Blut an denen, die auf Erden wohnen?***

Märtyrer über Märtyrer, die in einem unvergleichlichen Gebetskampf zu Gott schreien: „Herr, du Heiliger und Wahrhaftiger, wie lange erträgst du das noch?" Wo kommen sie her? Ich glaube, dass sie das Blutopfer aus der großen Bedrängnis darstellen, das durch Jesus vorausgesagt wurde: *„Dann werden sie euch der Bedrängnis preisgeben und euch töten"* (Mt 24,9).

Die Antwort an sie lautet: Ihr müsst noch warten. Die Vollzahl der Blutopfer ist offensichtlich noch nicht erreicht. Aber sie bekommen ein weißes Gewand, das Kleid der Sieger:

***(6,11) Und ihnen wurde gegeben einem jeden ein weißes Gewand, und ihnen wurde gesagt, dass sie ruhen müssten noch eine kleine Zeit, bis vollzählig dazukämen ihre Mitknechte und Brüder, die auch noch getötet werden sollten wie sie.***

Es gibt ein Wort des Paulus, das an dieser Stelle eigentlich erst sein richtiges Gewicht bekommt:

*Ihn möchte ich erkennen und die Kraft seiner Auferstehung und die Gemeinschaft seiner Leiden und so seinem Tode gleichgestaltet werden, damit ich gelange zur Auferstehung von den Toten* (Phil 3,10-11).

Ich glaube, dieser Gebetskampf, so wie er hier beschrieben und erlebt wird von denen, die Jesus alles gegeben haben, ist Voraussetzung und Bedingung für die Einleitung des vorletzten Siegelabschnittes. Warum? Weil hier geistliche Kraft freigesetzt wird in einer Intensität, die nahezu übermenschlich ist. Eine geistliche Kraft im Sinne des griechischen Begriffs *dynamis*, den man hier im Grundtext findet. Das heißt, hier wird geistliches Dynamit freigesetzt, eine übernatürlichen Explosivkraft, die alles Diabolische, das auf der Erde wütet, überwindet und zerstört.

Insofern haben die Märtyrer einen besonderen Anteil am Sieg Jesu über Satan und alle antigöttlichen Mächte, die sich der Aufrichtung des Reiches des Messias in den Weg stellen (vgl. 1 Kor 15,24).

Dieses fünfte Siegel, das ja kaum Zeit (*Chronos*) beansprucht, erscheint mir fast wie die Vorbereitung oder eine Einleitung zum folgenden sechsten Gliederungspunkt der Endzeitereignisse.

Ein unvergleichlicher Paukenschlag trifft die Erde im Innersten:

***(6,12) Und ich sah: Als es das sechste Siegel auftat, da geschah ein großes Erdbeben, und die Sonne wurde finster wie ein schwarzer Sack, und der ganze Mond wurde wie Blut,***
***(6,13) und die Sterne des Himmels fielen auf die Erde, wie ein Feigenbaum seine Feigen abwirft, wenn er von starkem Wind bewegt wird.***
***(6,14) Und der Himmel wich wie eine Schriftrolle, die zusammengerollt wird und alle Berge und Inseln wurden wegbewegt von ihrem Ort.***
***(6,15) Und die Könige auf Erden und die Großen und die Obersten und die Reichen und die Gewaltigen und alle Sklaven und alle Freien verbargen sich in den Klüften und Felsen der Berge***
***(6,16) und sprachen zu den Bergen und Felsen: Fallt über uns und verbergt uns vor dem Angesicht dessen, der auf dem Thron sitzt und vor dem Zorn des Lammes!***

Fassen wir zusammen, was hier nacheinander geschieht:

1. Ein Mega-Erdbeben erschüttert die Welt.
2. Die eschatologischen Zeichen an Sonne, Mond und Sternen werden sichtbar.

3. Der Himmel wird zusammengerollt wie eine Buchrolle.
4. Alle Berge und Inseln werden bewegt.
5. Die gesamte Menschheit gerät in furchtbare Angst.
6. Der Tag des Zornes beginnt.

Schauen wir uns diese Zeichen etwas genauer an:

Die Geowissenschaftler warten bereits auf das nächste Beben mit einer Stärke von über 8 auf der Richterskala. Die seismologischen Aktivitäten der Erdkruste nehmen seit Jahren zu, aber man kann nicht voraussagen, wann und wo große Erdbeben eintreffen werden.

Die prophetischen Texte der Schrift sprechen ein solches Erdbeben mehrfach an.

Zunächst – ich wiederhole mich – geht es grundsätzlich um die Apokalypse Jesu. Und dabei wird deutlich, dass wichtige heilsgeschichtliche Eckpunkte im Leben Jesu offensichtlich immer von Erdbeben begleitet werden:

## 1. Jesu Kreuzigung

*Und siehe, der Vorhang im Tempel zerriss in zwei Stücke von oben an bis unten aus. Und die Erde erbebte und die Felsen zerrissen, und die Gräber taten sich auf und viele Leiber der entschlafenen Heiligen standen auf* (Mt 27,51-52).

## 2. Jesu Auferstehung

*Und siehe, es geschah ein großes Erdbeben. Denn der Engel des Herrn kam vom Himmel herab, trat hinzu und wälzte den Stein weg und setzte sich darauf* (Mt 28,2).

## 3. Jesu Wiederkunft

*Und seine Füße werden stehen zu der Zeit auf dem Ölberg, der vor Jerusalem liegt nach Osten hin. Und der Ölberg wird sich in der Mitte spalten, vom Osten bis zum Westen, sehr weit auseinander, sodass die eine Hälfte des Berges nach Norden und die andere nach Süden weichen wird* (Sach 14,4).

Wir hoffen ja immer, dass ein großes Erdbeben noch nicht jetzt geschieht. Wer weiß wann, vielleicht in 100 oder in 1000 Jahren? Jesus klammert in seiner Endzeitrede ein Megabeben zwar aus, spricht dafür aber in Matthäus 24,7 und Lukas 21,11 von vielen Beben.

Diese endzeitlichen (oder eschatologischen) Zeichen werden nach der großen Bedrängnis bzw. Trübsal eintreffen. Kann man das genau wissen? Ja! Jesus sagt es selbst:

> *Sogleich aber* ***nach*** *der Bedrängnis jener Zeit wird die Sonne sich verfinstern und der Mond seinen Schein verlieren, und die Sterne werden vom Himmel fallen, und die Kräfte der Himmel werden ins Wanken kommen* (Mt 24,29).

Diese Zeichen am Himmel finden wir mehrfach in der Bibel wieder, z. B. in Jesaja 13,9-10; 13,13 und 24,23 oder in Joel 2,10; 3,3-4 und 4,15. Ausdrücklich zitieren möchte ich hier noch einmal Jesaja:

> *Darum will ich den Himmel bewegen, und die Erde soll beben und von ihrer Stätte weichen durch den Grimm des Herrn Zebaoth, am Tage seines Zorns* (Jes 13,13).

Jesus haben wir eben schon zitiert: *„... die Kräfte der Himmel werden ins Wanken kommen!"* (Mt 24,29). Und Jesaja fügt noch hinzu: *„Die Erde wird taumeln wie ein Trunkener und hin- und hergeworfen werden wie eine schwankende Hütte"* (Jes 24,20).

Es braucht nur ein Asteroid, der groß genug ist, wie aus dem Nichts aus den Tiefen des Alls auftauchen und zwischen Erde und Mond vorbeizuziehen. Was wird passieren? Die Erde wird ihre Bahn verlassen! Oder noch ein anderes Szenario: Die meisten von uns wissen um die Schrägstellung der Erdachse von 23,5 Grad. Was wird passieren, wenn sich diese Konstante verändert?

Wie bei einem Kreisel „eiert" die Erde um ihre Mittelachse, und zwar alle 26 000 Jahre einmal. Was wird passieren, wenn diese Schrägstellung schneller „eiert"? Heute Sommer, morgen Winter? Oder wenn die Erde ganz aufhört, sich um sich selbst zu drehen?

Noch ein Hinweis zu der Aussage, dass die Sterne vom Himmel fallen werden. 1844 gab es in Nordamerika ein seltenes Schauspiel am Himmel: Jede Menge Kometen verglühten in der Atmosphäre und es sah wirklich so aus, als ob ein reifer Feigenbaum geschüttelt wird. Was war passiert? Die Erde durchzieht im Herbst regelmäßig einen Trümmergürtel, der sich rund um die Sonne aufgebaut hat. Das ist nicht weiter besonders. Aber etwa alle 100 Jahre rast die Erde durch das Zentrum dieses Gebietes, das vielleicht von einem explodierten Planeten herrührt. Und dann sieht das von unten tatsächlich so aus, als ob die Sterne vom Himmel fallen.

Bis vor wenigen Jahrzehnten konnte sich das alles noch niemand überhaupt denken! Aber wenn uns heute (z. B. in Filmen) solche Zukunftsszenarien vorgestellt werden, glauben das nicht nur ein paar fromme biblische Fundamentalisten, sondern die ganze Welt!

Wichtig bezüglich der eschatologischen Zeichen ist, dass sie wie eine **Markierung im Endzeitgeschehen** wirken. Wir können genau sagen, was davor und was danach kommt!

Das könnte noch eine Folge davon sein, dass die Erde „aus den Fugen gerät". Wird die Erdumdrehung abgebremst? Gibt es einen Asteroideneinschlag, den wir nicht verhindern können? Wir wissen es nicht. Aber vielleicht ist es auch nur eine Vision, die der Menschheit gewährt wird, um ihr zu zeigen, wer der wahre Herr der Menschheitsgeschichte ist.

Die Angst wird schrecklich sein! Kein Atombunker kann helfen, keine Flucht zum Mond oder zum Mars. Die Menschen werden nichts mehr haben, das sie schützen könnte.

Wichtig für uns: Jesus beschreibt im Anschluss an die eschatologischen Zeichen in seiner Endzeitrede ein etwas anderes Szenario, nämlich seine Wiederkunft und die Sammlung „seiner Auserwählten". Davon lesen wir in der Offenbarung an dieser Stelle erst einmal nichts, aber wir sollten es im Auge behalten:

> *Und dann wird erscheinen das Zeichen des Menschensohnes am Himmel. Und dann werden wehklagen alle Geschlechter auf Erden und werden sehen den Menschensohn kommen auf den Wolken des Himmels mit großer Kraft und Herrlichkeit* (Mt 24,30; vgl. dazu: Offb 6,15-16).

Wie wir gesehen haben, finden sich viele dieser Endzeitkatastrophen auch im Alten Testament wieder. Das heißt aber nicht, dass Johannes dort abgeschrieben hat. Wir sagten schon zu Beginn, dass Prophetie wie ein geistlicher Code zu behandeln ist. Das Wort Gottes hat in sich selbst schöpferische Kraft und wird ausführen, wozu es gesandt ist. Es entwickelt sich im Laufe der Zeit und wird dadurch immer deutlicher erkennbar.

Was aber hier bei Johannes im Neuen Testament einzigartig ist: Jesus gibt diesen Endzeitentwicklungen eine **Gliederung** (sieben Siegelabschnitte), die dadurch auch weit über das hinausführen, was wir an Einzelhinweisen bei den Propheten lesen.

***(6,17) Denn es ist gekommen der große Tag ihres Zorns und wer kann bestehen?***

Dieser „Tag des Zorns" ist natürlich kein 24-Stunden-Tag, sondern eine Periode. Ein inhaltlich besonderer Zeitabschnitt, der einen Höhepunkt des Gerichtshandelns Gottes darstellt.

Man sollte meinen, dieser besondere Gerichts-Zorn hat spätestens im vierten Siegelabschnitt begonnen. Aber so ist es nicht.

**Die Zornesperiode, von der hier in Vers 17 die Rede ist, beinhaltet im Wesentlichen die sieben Posaunen und die sieben Plagen. Es beginnt in Offenbarung 8 mit der Öffnung des siebenten Siegels und endet in Offenbarung 15 mit den sieben Plagen (Offb 15,1: „... sieben Engel, die hatten die letzten sieben Plagen, denn mit ihnen ist vollendet der Zorn Gottes.").**

Aber noch sind wir nicht so weit. Offenbarung 7 steht noch aus. Hier geht es um die Versiegelung der 144 000 und um die Entrückung der unzählbaren Schar aus den Nationen, ebenfalls ein sehr wichtiges und spannendes Thema!

# Kapitel 7

# Versiegelung und Entrückung

***(7,1) Danach sah ich vier Engel stehen an den vier Ecken der Erde, die hielten die vier Winde der Erde fest, damit kein Wind über die Erde blase noch über das Meer noch über irgendeinen Baum.***

In der Bildersprache der Propheten bedeuten Winde häufig Kriege, die aus allen vier Himmelsrichtungen auf uns einstürmen. Aber es gibt Engelmächte, die die Autorität haben, die Entfesselung dieser Gewalten zu stoppen. Sie werden erst in Offenbarung 8,6 losgelassen.

Zur Formulierung „Wind über irgendeinen Baum“: Ich kann mich erinnern, dass mein Bibellehrer uns früher seine Vermutung mitteilte, dass es sich hier um eine verdeckte Voraussage des endzeitlichen Luftkrieges handelt. Ich weiß nicht, ob man so weit gehen kann, möchte es aber auch nicht unterschlagen.

***(7,2) Und ich sah einen anderen Engel aufsteigen vom Aufgang der Sonne her, der hatte das Siegel des lebendigen Gottes und rief mit großer Stimme zu den vier Engeln, denen Macht gegeben war, der Erde und dem Meer Schaden zu tun: …***

Man gewinnt den Eindruck, dass bei Gott nichts dem Zufall überlassen bleibt! Die „große Stimme“ des Engels im Aufgang der Sonne vermittelt uns die Vorstellung von gewaltiger göttlicher Macht, die niemand aufhalten darf.

***(7,3) … Tut der Erde und dem Meer und den Bäumen keinen Schaden, bis wir versiegeln die Knechte unseres Gottes an ihren Stirnen.***

Paulus schreibt im Epheserbrief, dass wir versiegelt sind mit dem Heiligen Geist (Eph 1,13 und 4,30). Hier scheint es aber um noch viel mehr zu gehen, denn diese 144 000 sind Erstlinge, erkauft für Gott und das Lamm (Offb 14,4) und das ist etwas ganz Besonderes. Diese biblische Lehre werden wir an der angegebenen Stelle ausführlich besprechen. Bedeutend in diesem Zusammenhang ist zu wissen, dass es in der Offenbarung auch noch eine andere, eine „teuflische" Versiegelung gibt – ich meine das Malzeichen des Tieres in Offenbarung 13. Es ist wichtig, auch solche diametralen Gegensätze für die Endzeit nicht aus dem Auge zu verlieren!

***(7,4) Und ich hörte die Zahl derer, die versiegelt wurden: hundertvierundvierzigtausend, die versiegelt waren aus allen Stämmen Israels: ...***

Wörtlich heißt es hier: *„aus allen Stämmen der Söhne Israels."* Die Söhne Israel sind die zwölf Söhne Jakobs, des Enkels Abrahams, und deren Nachkommen. Jakob kämpfte an der Furt des Jabbok (Nebenfluss des Jordan) gegen Gott und erhielt dort einen neuen Namen, nämlich Israel. Seitdem bezeichnet dieser Name entweder allein Jakob oder später auch alle seine Nachkommen (vgl. 1 Mose 32,23-29), da es in der Bibel den Begriff der Enkel nicht gibt. Alle nachfolgenden Generationen sind Söhne.

Die Zahl 144 000 ist eine symbolische Zahl. Sie könnte folgendermaßen entstanden sein:

Die Zahl der zwölf Stämme Jakobs multipliziert man mit der Zahl, die für die göttliche Vollkommenheit steht, ebenfalls eine 12. Diese Zahl 12 bildet man aus der Zahl Gottes (3 für Dreieinigkeit) und der Zahl der Erde (4 für die 4 Himmelsrichtungen): 3 x 4 = 12.

Aus 12 x 12 = 144 x $10^3$ wird 144 000.

Warum multipliziert man 144 mit $10^3$? Die Zahl 10 steht in der Bibel für die Fülle oder die Vollendung (10 Gebote). Diese Zahl 10 wird in die 3. Potenz gesetzt als Bild für den vollendeten Willen Gottes.

Ich weiß natürlich, das man in unserer westlichen Welt wenig Sinn für solche Zahlenspielereien hat, aber in der Apokalypse stecken hinter solchen Zahlen eben geistliche Bedeutungen, die man nicht ganz unter den Tisch fallen lassen kann.

***(7,5) ... aus dem Stamm Juda zwölftausend versiegelt, aus dem Stamm Ruben zwölftausend, aus dem Stamm Gad zwölftausend,***
***(7,6) aus dem Stamm Asser zwölftausend, aus dem Stamm Naftali zwölftausend, aus dem Stamm Manasse zwölftausend,***

***(7,7) aus dem Stamm Simeon zwölftausend, aus dem Stamm Levi zwölftausend, aus dem Stamm Issachar zwölftausend,***
***(7,8) aus dem Stamm Sebulon zwölftausend, aus dem Stamm Josef zwölftausend, aus dem Stamm Benjamin zwölftausend versiegelt.***

Drei Dinge fallen hier auf:

1. Einerseits die Genauigkeit, mit der die Aufzählung der Stämme in den Versen 5 bis 8 erfolgt.
2. Andererseits, dass die Stämme nicht in der üblichen Reihenfolge erwähnt werden, denn hier geht es nicht mehr um ein Geburtsrecht, sondern um göttliche Berufung.
3. Die Unterscheidung zwischen den Stämmen Israels und der unzählbaren Schar der Erlösten *„aus allen Nationen und Stämmen und Völkern und Sprachen"* im folgenden Vers (beachten wir auch hier die vierfache Aufzählung!).

Es geht offensichtlich um **eine Unterscheidung der Gläubigen** aus Israel und der Gläubigen aus den Nationen. Leider scheiden sich hier die Geister. Die Vertreter der Ersatztheologie verleugnen diesen gravierenden Unterschied und machen damit deutlich, welche Macht eine über zweitausend Jahre kultivierte Irrlehre auf die Christenheit bis heute ausüben kann!

Dieser Antijudaismus hat sich in den ersten Jahrhunderten nach Christus im Rahmen von vielen Auseinandersetzungen zwischen Kirche und Judentum herausgebildet. Eine bewusste Abgrenzung, ja sogar Verdammung des alttestamentlichen Glaubens wurde gesucht und gefunden. Das führte dazu, dass biblische und kirchliche Feste entstellt, ja, bis zum Götzendienst degradiert wurden:

- Die Geburt Jesu wurde zum Fest für den Weihnachtsmann.
- Das Pessachfest zum Fest der Göttin Ostera, die den Osterhasen zum Eierlegen veranlasst.
- Pfingsten zu einem Volksfest für den Pfingstochsen.
- Himmelfahrt zu einem Trinkgelage für gottlose Männer.
- Und schließlich wurde auch noch der göttliche Ruhetag (Schabbat) vom siebenten Tag (Samstag) auf den ersten Tag (Sonntag) der Woche verlegt!

Wer gab den Menschen dafür die Autorität? Vom Antichristen heißt es in Daniel 7,25: „Er wird den Höchsten lästern und die Heiligen des Höchsten vernichten und wird sich unterstehen, Festzeiten und Gesetz zu ändern." Machen Sie sich selbst ihre Gedanken darüber, wie man das bewerten sollte!

Im Ergebnis jedenfalls entwickelte sich ein Antisemitismus, der im Laufe der Jahrhunderte immer wieder Pogrome hervorbrachte mit furchtbaren Verbrechen an den Juden „im Namen Gottes". Nicht zu vergessen Martin Luthers Kampfschrift „Von den Jüden und ihren Lügen" und im Gefolge dessen die Skulpturen der „Judensau" an vielen protestantischen Kirchen, wie z. B. an der Schlosskirche zu Wittenberg.

Spätestens hier scheiden sich also die Geister zwischen denen, die eine endzeitliche Bedeutung Israels ablehnen, und denen, die das nicht tun, also zwischen den Ersatztheologen, für die Israel ein Volk wie jedes andere ist, und denen, die die Bedeutung Israels in der letzten Zeit auch heute noch auf Grund des prophetischen Wortes anerkennen.

Die Ersatztheologie überträgt die Verheißungen, die Gott eindeutig Israel gegeben hat, auf die neutestamentliche Gemeinde, zur Strafe dafür, dass die Juden Jesus getötet haben. Das ist zwar ziemlich zugespitzt formuliert, aber das ist, worum es im Kern geht. Damit stellen sich die Vertreter dieser Theologie auf jeden Fall gegen die Theologie des Apostel Paulus in Römer 9-11.

## Was lehrte Paulus?

1. Die **Erwählung** Israels bleibt bestehen!

   *Gott hat sein Volk nicht verstoßen, das er zuvor erwählt hat* (Röm 11,2).

   Und im gleichen Kontext:

   *Denn Gottes Gaben und Berufung können ihn nicht gereuen* (Röm 11,29).

2. Die **Unterbrechung** des Heilsplanes für Israel dient dem Heil der Nationen.

   *Durch ihren Fall ist den Heiden das Heil widerfahren* (Röm 11,11).

   *Verstockung ist einem Teil Israels widerfahren, solange bis die Fülle* (Pleroma = überfließendes Maß) *der Nationen zum Heil gelangt ist* (Röm 11,25b).

*Wenn aber schon ihr Fall Reichtum für die Welt ist und ihr Schade Reichtum für die Heiden, ...* (Röm 11,12).

3. **Danach** wird für Israel der Heilsplan zu Ende geführt!

   *... wieviel mehr wird es Reichtum sein, wenn ihre Zahl voll wird* (Röm 11,12).

   *Denn wenn ihre Verwerfung (Apobole – das Weggeworfen-Sein) die Versöhnung der Welt ist, was wird ihre Annahme anderes sein als Leben aus den Toten!* (Röm 11,15).

4. Die **Erlösung Israels** ist ein besonderes Kapitel der göttlichen Heilsgeschichte!

   *...und so wird ganz Israel gerettet werden, wie geschrieben steht* (Röm 11,26).

   Das heißt, die Verstockungszeit ist befristet und in der Endzeit wird es für Israel neue Gnade geben, wie geschrieben steht:

   *Aber über das Haus David und über die Bürger Jerusalems will ich ausgießen den Geist der Gnade und des Gebets. Und sie werden mich ansehen, den sie durchbohrt haben, und sie werden um ihn klagen, wie man klagt um ein einziges Kind, und werden sich um ihn betrüben, wie man sich betrübt um den Erstgeborenen* (Sach 12,10).

   *Jerusalem, Jerusalem, die du tötest die Propheten und steinigst, die zu dir gesandt sind! Wie oft habe ich deine Kinder versammeln wollen, wie eine Henne ihre Küken versammelt unter ihre Flügel; und ihr habt nicht gewollt! Siehe, euer Haus soll euch wüst gelassen werden. Denn ich sage euch: Ihr werdet mich von jetzt an nicht sehen, bis ihr sprecht: Gelobt sei, der da kommt in dem Namen des Herrn* (Mt 23,37-39)!

Die Bürger Jerusalems werden dann, wenn Jesus wiederkommen wird, ihn nicht mehr ablehnen, sondern annehmen. Jerusalem wird Erweckung erleben auf Grund der Voraussage des Propheten Sacharja. Jesus kommt in Niedrigkeit aus Bethlehem und in Herrlichkeit aus Zion (Jerusalem), wie geschrieben steht:

*Es wird kommen aus Zion der Erlöser, der abwenden wird alle Gottlosigkeit von Jakob* (Röm 11,26b).

## Gibt es die zwölf Stämme Israels eigentlich heute noch?

Beachten wir bitte folgende Schriftstellen:

> *So spricht der Herr, der die Sonne dem Tage zum Licht gibt und den Mond und die Sterne der Nacht zum Licht bestellt; der das Meer bewegt, dass seine Wellen brausen – Herr Zebaoth ist sein Name –: Wenn jemals diese Ordnungen vor mir ins Wanken kämen, spricht der Herr, so müsste auch das Geschlecht Israels aufhören, ein Volk zu sein vor mir ewiglich. So spricht der Herr: Wenn man den Himmel oben messen könnte und den Grund der Erde unten erforschen, dann würde ich auch verwerfen das ganze Geschlecht Israels für all das, was sie getan haben, spricht der Herr* (Jer 31,35-37).

Weil man diese Naturgesetze aber bis heute nicht ändern kann, sind die Israeliten eben auch nicht verworfen.

Vergleichen wir das bitte auch mit einer noch älteren Textstelle: Jakobs Segen über Ephraim und Manasse, die Söhne Josefs:

> *... sein jüngerer Bruder (Ephraim) wird größer als er (Manasse) werden, und sein Geschlecht wird eine Menge von Völkern werden* (1 Mose 48,19b).

Dieser prophetische Segen des Stammvaters Jakob konnte sich nur erfüllen durch das weltweite Exil des Nordreiches Israel bzw. Ephraims und dadurch, dass sie dort im Exil ihre Herkunft vergessen haben.

Gott allein weiß, welche Völker heute in Wahrheit zu Ephraim gehören und wo man sie finden kann. Die Engel Gottes werden in der ganzen Welt unterwegs sein müssen. Wie sagte doch Gott zu Abraham? Nachkommen wie der Sand am Meer und wie die Sterne am Himmel. Wer kann sie zählen?

***(7,9) Danach sah ich, und siehe, eine große Schar, die niemand zählen konnte, aus allen Nationen und Stämmen und Völkern und Sprachen; die standen vor dem Thron und vor dem Lamm, angetan mit weißen Kleidern und mit Palmzweigen in ihren Händen, ...***

Die Erlösten am gläsernen Meer. Endlich! Darauf haben sie solange gewartet. Weiße Kleider – das Zeichen der Sieger! Wie wird sich Jesus auf diesen Augenblick freuen! Sie sind seine „Beute", seine Frucht, seine Fülle, das Geschenk an seinen Vater!

Werden Sie dabei sein? Oder anders gefragt: Haben Sie Heilsgewissheit? Die Gewissheit seiner eigenen Erlösung bekommt man dann, wenn einem alle Sünden vergeben sind. Stellen Sie sich vor, Sie hätten nur noch fünf Minuten bis zur Wiederkunft Jesu – sind Sie sich dann immer noch absolut sicher, dass Sie dabei sein werden oder haben Sie Zweifel?

Wenn sie unsicher sind, warten sie nicht bis zum letzten Moment, bringen sie ihr Leben jetzt in Ordnung, bevor es zu spät ist!

Erwähnt werden sollten hier noch die Palmzweige, ein äußerliches Zeichen des Jubels und der Anbetung und der Freude der Herzen. Hier feiern diejenigen ihren Sieg, die es verdient haben. Endlich am Ziel!

***(7,10) … und riefen mit großer Stimme: Das Heil ist bei dem, der auf dem Thron sitzt, unserm Gott, und dem Lamm!***

Diese unzählbare Masse von erlösten Menschen will nur eines: Ihre Dankbarkeit Gott und Jesus gegenüber ausdrücken, und ich glaube, in der Ewigkeit werden ihnen dafür noch ganz andere unaussprechliche Worte zur Verfügung stehen, die bis jetzt noch kein menschliches Ohr jemals gehört hat!

***(7,11) Und alle Engel standen rings um den Thron und um die Ältesten und um die vier Gestalten und fielen nieder vor dem Thron auf ihr Angesicht und beteten Gott an …***

**Alle** Engel! Was für eine Atmosphäre! Die ganze Welt der Ewigkeit jubelt. Petrus schreibt in seinem ersten Brief:

> *Ihnen ist offenbar geworden, dass sie nicht sich selbst, sondern euch dienen sollten mit dem, was euch nun verkündigt ist durch die, die euch das Evangelium verkündigt haben durch den Heiligen Geist, der vom Himmel gesandt ist, – was auch die Engel begehren zu schauen* (1 Petr 1,12).

***(7,12) … und sprachen: Amen, Lob und Ehre und Weisheit und Dank und Preis und Kraft und Stärke sei unserm Gott von Ewigkeit zu Ewigkeit! Amen.***

Die Versiegelung der 144 000 und die Entrückung der Gläubigen aus den Nationen an den Thron Gottes gehören noch in die Zeit des sechsten Siegelabschnittes. Deshalb verstehe ich diese Doxologie so, dass sie den Abschluss bildet für einen ganz bestimmten Teil der Heilsgeschichte:

Die (Gnaden-)Zeiten für die Heiden (nachzulesen in Lukas 21,24b und Römer 11,25) sind hiermit abgeschlossen und erfüllt!

***(7,13) Und einer der Ältesten fing an und sprach zu mir: Wer sind diese, die mit den weißen Kleidern angetan sind, und woher sind sie gekommen?***

Dieser Älteste wird uns noch ganz entscheidende Hinweise geben, die uns helfen werden, das Ereignis der Entrückung zeitlich einzuordnen!

***(7,14) Und ich sprach zu ihm: Mein Herr, du weißt es. Und er sprach zu mir: Diese sind's, die gekommen sind aus der großen Trübsal und haben ihre Kleider gewaschen und haben ihre Kleider hell gemacht im Blut des Lammes.***

Diese sogenannte „große Trübsal" oder Bedrängnis ist in der Bibel auch an anderen Stellen ein wichtiges Thema, zum Beispiel in der Endzeitpredigt Jesu (vgl. Mt 24,21) oder auch bei Daniel (siehe 12,1).

In einigen christlichen Kreisen wird immer wieder die Frage diskutiert, ob die Entrückung vor, während oder am Ende der großen Trübsal stattfinden wird. Die Apokalypse gibt meines Erachtens an dieser Stelle eine eindeutige Antwort: Die unzählbare Schar aus allen Nationen wird diese Phase noch miterleben, aber sie wird „um der Auserwählten willen" verkürzt werden (vgl.Mt 24,22).

Wie bereiten wir uns auf diesen *Kairos* (Zeitpunkt Gottes) vor? Erinnern wir uns an Johannes den Täufer! Er führte die Menschen zur Buße und sie bekannten ihre Sünden und ließen sich taufen. Einen anderen Weg gibt es nicht. Bringen Sie ihre Sünde an das Kreuz von Golgatha!

***(7,15) Darum sind sie vor dem Thron Gottes und dienen ihm Tag und Nacht in seinem Tempel; und der auf dem Thron sitzt, wird über ihnen wohnen.***

Geistliche Dienste werden häufig wenig geschätzt. In der Welt sowieso nicht, aber selbst in den Gemeinden kann dieses Thema zu einem „heißen Eisen" werden. Aber ist nicht der sogenannte fünffältige Dienst (Eph 4,11-14) wichtig für Berufung, Struktur, Wachstum und Frucht einer Gemeinde?

Und noch etwas: Wer in einem solchen Dienst vor dem Herrn und vor Menschen steht, der ist jahrelang darauf vorbereitet worden. Der Herr hat viel in einen solchen Menschen investiert, und gilt nicht auch hier das Wort *„Gottes Gaben und Berufung können ihn nicht gereuen"* (Röm 11,29)?

Diese Berufungen werden nicht beendet sein, wenn Jesus wiederkommt, sondern im Gegenteil, sie werden erst in der Ewigkeit ihr eigentliches Ziel erreichen. Alles, was von Gott geboren wurde, ist ewig, es kann nicht sterben. Deshalb werden auch gegenwärtige Dienste (wenn sie denn vom Herrn sind) im Tempel Gottes ihre eigentliche Blütezeit erleben! Freuen wir uns auf diese wundervolle Zeit!

***(7,16) Sie werden nicht mehr hungern noch dürsten; es wird auch nicht auf ihnen lasten die Sonne oder irgendeine Hitze; ...***

Hunger, Durst und Hitze – das klingt sehr nach erfüllter Prophetie aus dem Buch Jesaja:

> *Das Land verdorrt und verwelkt, der Erdkreis verschmachtet und verwelkt ... Die Erde ist entweiht von ihren Bewohnern ... darum frisst der Fluch die Erde* (Jes 24,4-6).

***(7,17) ... denn das Lamm mitten auf dem Thron wird sie weiden und leiten zu den Quellen des lebendigen Wassers, und Gott wird abwischen alle Tränen von ihren Augen.***

Durch den Heiligen Geist werden die erlösten Gläubigen zur Vollendung geführt. Ja, Gott selbst wird alle ihre seelischen Verletzungen heilen. Nichts kann die ewige Freude trüben!

Diese Entrückung der Gläubigen aus den Nationen beinhaltet auch die Auferstehung der Verstorbenen. Sie werden aus ihren Gräbern auferstehen und zum Herrn gebracht werden, gemeinsam mit der letzten Generation, die dann noch am Leben ist.

> *Denn das sagen wir euch mit einem Wort des Herrn, dass wir, die wir leben und übrigbleiben bis zur Ankunft des Herrn, denen nicht zuvorkommen werden, die entschlafen sind. Denn er selbst, der Herr, wird, wenn der Befehl ertönt, wenn die Stimme des Erzengels und die Posaune Gottes erschallen, herabkommen vom Himmel, und zuerst werden die Toten, die in Christus gestorben sind, auferstehen. Danach werden wir, die wir leben und übrigbleiben, zugleich mit ihnen entrückt werden auf den Wolken in die Luft, dem Herrn entgegen, und so werden wir bei dem Herrn sein allezeit. So tröstet euch mit diesen Worten untereinander* (1 Thess 4,15-18).

Die Ungläubigen aus den Nationen bleiben jedoch zurück!

> *Dann werden zwei auf dem Felde sein; der eine wird angenommen, der andere wird preisgegeben* (afiehmi – unter anderem: wegschicken, aus der Hand lassen, fallen lassen, ausstoßen, zurücklassen). *Zwei Frauen werden mahlen mit der Mühle; die eine wird angenommen, die andere wird preisgegeben* (Mt 24,40-41).

Abschließend zu diesem Thema der Entrückung habe ich selbst noch eine Frage: Wann verlässt der Heilige Geist die Erde? Ich glaube, wie viele andere auch, dass er derjenige ist, der den Antichristen aufhält und er wird *„hinweggetan"* werden (2 Thess 2,6). Der Heilige Geist wohnt in den Gläubigen. Bedeutet das, wenn er nun die Nationen mit den Gläubigen verlässt, dass er nur noch für Israel da ist oder sich dann auf Israel zurückzieht (Röm 11,15)?

## Kapitel 8

# Der erste Abschnitt des siebten Siegels: Posaunengericht 1-4

***(8,1) Und als das Lamm das siebente Siegel auftat, entstand eine Stille im Himmel etwa eine halbe Stunde lang.***

Ich hatte früher immer wieder das Gefühl, dass ich die Bedeutung dieser halben Stunde Stille noch nicht richtig verstanden hatte. Natürlich habe ich gebetet und den Herrn gefragt, aber die Antwort ließ auf sich warten.

Erst als ich mich um eine Synthese von Offenbarungsprophetie und Prophetie zur Israelthematik bemüht habe, fiel mir auf, dass es sich bei der unzählbaren Schar aus den Nationen um die berühmte **Vollzahl** (*Pleroma*) handeln muss, über die Paulus in Römer 11,12 und 11,25 schreibt.

**Das heißt, für die Nationen ist mit der Entrückung die Gnadenzeit abgeschlossen, während sie für Israel beginnt!** Und jetzt habe ich auch die Zäsur verstanden (eine halbe Stunde Stille) zwischen dem sechsten und dem siebenten Siegelabschnitt. Auf einmal war alles so einfach!

Die Gerichte der „**Zeit des Zornes**" für die Nationen, die im sechsten Siegel für die Periode des siebenten Siegels angekündigt werden (Offb 6,16), sind im Wesentlichen die sieben Posaunen- und die sieben Schalengerichte.

In diese Zeit verorte ich auch die Kriege, die die Nationen gegen Israel noch führen werden, wie sie zum Beispiel in Hesekiel 38 und 39 beschrieben werden (Gog von Magog).

Ich habe hier so viele Texte der Schrift vor Augen, dass ich sie unmöglich alle anführen kann. Ich muss mich beschränken:

*Doch alle, die dich gefressen haben, sollen gefressen werden, und alle, die dich geängstigt haben, sollen alle gefangen weggeführt werden; und die dich beraubt haben, sollen beraubt werden, und alle, die dich geplündert haben, sollen geplündert werden* (Jer 30,16).

*Siehe, es wird ein Wetter des Herrn kommen voll Grimm, ein schreckliches Ungewitter wird auf den Kopf der Gottlosen niedergehen. Des Herrn grimmiger Zorn wird nicht ablassen, bis er tue und ausrichte, was er im Sinn hat;* ***zur letzten Zeit werdet ihr es erkennen*** (Jer 30,23-24).

***(8,2) Und ich sah die sieben Engel, die vor Gott stehen, und ihnen wurden sieben Posaunen gegeben.***
***(8,3) Und ein anderer Engel kam und trat an den Altar und hatte ein goldenes Räuchergefäß, und ihm wurde viel Räucherwerk gegeben, dass er es darbringe mit den Gebeten aller Heiligen auf dem goldenen Altar vor dem Thron.***

Die **Vorbereitungen** für die Posaunengerichte beginnen! Jetzt würde mich interessieren, ob diese eine halbe Stunde Stille im Himmel die Übergabe der sieben Posaunen an die Engel und auch das Ausschütten des Räuchergefäßes auf die Erde mit einbezieht oder nicht. Diese Stille ist nicht nur eine Zäsur. Sie ist mehr, sie bewirkt, dass sich die gesamte Aufmerksamkeit des Himmels auf die Erde richtet. Und – nicht ganz unwichtig: Sie beendet den Dienst der Engel, die die Kriege zurückhalten mussten, damit die Versiegelung durchgeführt werden konnte (Offb 7,1-3).

Das Verbrennen von Räucherwerk auf dem Räucheraltar war schon immer ein festgelegter Dienst vor der Bundeslade im Zeltheiligtum oder im Tempel. Und es war schon immer eine symbolische Darstellung der Gebete der Heiligen.

Aber gibt es denn überhaupt noch „Heilige", sind sie nicht schon alle entrückt? Oh ja, es gibt sie noch! Die Gläubigen aus den Nationen wurden entrückt, **aber nicht die Gläubigen aus Israel**, die Gläubigen des ersten Bundes, die noch nichts von Jesus gehört haben:

*Ich ... komme, um alle Völker und Zungen zu versammeln, dass sie kommen und meine Herrlichkeit sehen. Und ich will ein Zeichen unter ihnen aufrichten und einige von ihnen, die errettet sind, zu den Völkern senden, nach Tarsis, nach Put und Lud, nach Meschech und Rosch, nach Tubal und Jawan und zu den fernen Inseln, wo man nichts von mir gehört hat und die meine Herrlichkeit nicht gesehen haben; und sie sollen*

> *meine Herrlichkeit unter den Völkern verkündigen. Und sie werden alle eure Brüder aus allen Völkern herbringen dem Herrn zum Weihegeschenk auf Rossen und Wagen, in Sänften, auf Maultieren und Dromedaren* ***nach Jerusalem zu meinem heiligen Berge*** ... (Jes 66,18-20).

Und es gibt noch einen weiteren wichtigen Hinweis: Die Völker Ephraims nach 1. Mose 48,18-19, eine uralte Prophetie Israels, die sich erst nach der Versklavung des Nordreiches Ephraim durch die Assyrer erfüllen konnte.

***(8,4) Und der Rauch des Räucherwerkes stieg mit den Gebeten der Heiligen von der Hand des Engels hinauf vor Gott.***

Jetzt werden alle Gebete erhört, die in den Gaskammern Hitlers geschrien wurden; alle Gebete derer, die in den Pogromen Russlands und der Ukraine oder Polens verfolgt wurden und umkamen; und auch alle Gebete der Juden, die von den sogenannten christlichen Völkern der westlichen Welt unterdrückt und ausgeraubt wurden. Gott ist ein gerechter Gott und er wird die Verbrechen an seinem auserwählten Volk des ersten Bundes nicht ungesühnt lassen!

***(8,5) Und der Engel nahm das Räuchergefäß und füllte es mit Feuer vom Altar und schüttete es auf die Erde. Und da geschahen Donner und Stimmen und Blitze und Erdbeben.***

Die Erde reagiert! Geschützdonner, Blitze vom Mündungsfeuer, dazwischen schreiende menschliche Stimmen und am Ende sogar noch Erdbeben, das blanke Chaos scheint ausgebrochen zu sein:

***(8,6) Und die sieben Engel mit den sieben Posaunen hatten sich gerüstet zu blasen.***
***(8,7) Und der erste blies seine Posaune; und es kam Hagel und Feuer, mit Blut vermengt, und fiel auf die Erde; und der dritte Teil der Erde verbrannte, und der dritte Teil der Bäume verbrannte, und alles grüne Gras verbrannte.***

Die globalen Ausmaße aller dieser Katastrophen sind nicht mehr zu übersehen. Und das ist auch der Grund, weshalb ich mich von einem christlichen Kernphysiker habe überzeugen lassen, dass es sich hier um einen Atomkrieg handelt. Die **sieben Posaunen** sind die *Sofortwirkungen*, die **sieben Plagen** die *Spätwirkungen* desselben Atomkrieges.

Dies kann man sehr eindrücklich nachlesen bei dem deutschen Physiker Bernhard Philberth in seinem Buch „Christliche Prophetie und Nuklearenergie“[1]. Das Buch wurde vor 60 Jahren geschrieben und ist heute aktueller denn je!

Ich halte mich in meiner Erklärung der sieben Posaunengerichte eng an Bernhard Philberth. Auf S. 68 ff. schreibt er zu Offenbarung 8,7-12 Folgendes:

> Wasserstoff-Bomben lässt man in der Regel (um eine größere Wirkung zu erzielen) in ca. 4000 m Höhe detonieren. Dabei wird Feuer in Gestalt von Licht-, Röntgen- und Gammaquanten auf die Erde geschleudert. In der Glutwolke entstehen die Radioisotope, die vor allem über das Blut als Giftstoffe wirken. Sie verbreiten sich über die ganze Erde und werden nach und nach abgeregnet.

***(8,8) Und der zweite Engel blies seine Posaune; und es stürzte etwas wie ein großer Berg mit Feuer brennend ins Meer, und der dritte Teil des Meeres wurde zu Blut,***
***(8,9) und der dritte Teil der lebendigen Geschöpfe im Meer starb, und der dritte Teil der Schiffe wurde vernichtet.***

> Eine H-Bombe kann eine Wassermasse von 10 000 000 Kubikmetern Wasser verdampfen. Ins Wasser geworfen erzeugt sie eine feuerglühende schwach konische Dampfhalbkugel. Mit Gestalt, Durchmesser und Höhe (einige km) gleicht sie einem großen Berg. Die Radioisotope einschließlich der folgenden Neutronen-Absorptionen gelangen ins Meer und bewirken mit ihrer Affinität zum Blut ein Massensterben aller Arten von Meerestieren. Die darauffolgende Tsunamiwelle bohrt alle Schiffe in weitem Umkreis in den Grund.

H-Bomben (Wasserstoffbomben) sind eine Weiterentwicklung nuklearer Bomben. Hier wird die Explosionsenergie durch Kernfusion erzeugt, wodurch sie erheblich größer ist, als die durch Kernspaltung gewonnene Energie.

---

[1] Bernhard Philberth: *Christliche Prophetie und Nuklearenergie,* R. Brockhaus-Verlag 1975, ISBN 3-417-00147-1.

***(8,10) Und der dritte Engel blies seine Posaune; und es fiel ein großer Stern vom Himmel, der brannte wie eine Fackel und fiel auf den dritten Teil der Wasserströme und auf die Wasserquellen.***

***(8,11) Und der Name des Sterns heißt Wermut. Und der dritte Teil der Wasser wurde zu Wermut, und viele Menschen starben von den Wassern, weil sie bitter geworden waren.***

Interkontinentale Raketengeschosse mit erster kosmischer Geschwindigkeit von 8 km/sec gehören bereits zur Gattung der Gestirne (Satelliten). Sie bilden heute das Rückgrat der Kriegstechnik. Der Harzmantel dieser Geschosse raucht und brennt beim Wiedereintauchen in die Atmosphäre wie eine Fackel ab. Es sind radioaktive Giftbomben, die ganze Landstriche tödlich verseuchen, insbesondere dadurch, dass diese Radiogifte mit den Niederschlägen in die freien Gewässer gelangen.

***(8,12) Und der vierte Engel blies seine Posaune; und es wurde geschlagen der dritte Teil der Sonne und der dritte Teil des Mondes und der dritte Teil der Sterne, sodass ihr dritter Teil verfinstert wurde und den dritten Teil des Tages das Licht nicht schien, und in der Nacht desgleichen.***

Nukleare Detonationen in der Luft über dem Erdboden fördern gewaltige Gesteinsmassen in die Atmosphäre. Durch den Sog der hochstrebenden Glutwolken wird dieser Staub in viele Kilometer Höhe bis in die Stratosphäre geschleudert. Dabei verteilt er sich über alle Kontinente.

***(8,13) Und ich sah, und ich hörte, wie ein Adler mitten durch den Himmel flog und sagte mit großer Stimme: Weh, weh, weh denen, die auf Erden wohnen wegen der anderen Posaunen der drei Engel, die noch blasen sollen!***

Hier erfolgt eine Zäsur. Die ersten vier Posaunengerichte beschreiben einen Raketenangriff mit Wasserstoffbomben. Die letzten drei Posaunengerichte schildern einen Angriff mit Kampfflugzeugen und Panzern.

# Kapitel 9

# Der zweite Abschnitt des siebten Siegels: Posaunengericht 5 und 6

***(9,1) Und der fünfte Engel blies seine Posaune; und ich sah einen Stern, gefallen vom Himmel auf die Erde; und ihm wurde der Schlüssel zum Brunnen des Abgrunds gegeben.***

Die ersten vier Engel kündigen ihre Gerichte offensichtlich in sehr schneller Folge hintereinander an. Ich möchte auch noch einmal daran erinnern, dass die gesamte Apokalypse unter dieser Prämisse ablaufen wird: Plötzlich und schnell (*tachys*)! Die häufig zu findende Übersetzung dieses Wortes in Offenbarung 1,1 mit „ ... *was in Kürze geschehen soll"* trifft die eigentliche Aussage deshalb überhaupt nicht.

Doch die nun folgenden Weherufe des Adlers dauern erstaunlicherweise wesentlich länger:

1. Ruf: Offenbarung 9,1-12

2. Ruf: Offenbarung 9,13 – 11,14

3. Ruf: Offenbarung 11,15 – ?

Es ist außerdem wichtig, dass wir den Gesamtrahmen des Geschehens nicht aus den Augen verlieren. Wir befinden uns immer noch in der Zeit des **Tages des Zornes** (Offb 6,17).

Inhalt dieses siebenten Abschnittes sind die sieben Posaunengerichte, sie kündigen die unvermeidliche globale Selbstzerstörung durch einen **Atomkrieg** an! Unvermeidlich deshalb, weil die Macht der Sünde solche

Ausmaße angenommen hat, dass sie nicht mehr zu stoppen ist und in der Vernichtung enden muss!
Der vorliegende Vers gibt uns zwei Fragen auf:

1. Wer ist der Stern, der vom Himmel auf die Erde fällt?
2. Was ist unter dem Abgrund zu verstehen?

Der gefallene „Stern" ist offensichtlich eine Person, denn ihm wird der Schlüssel zum Abgrund gegeben. Ich bin sicher, dass es sich hier um Luzifer handeln muss, denn der Prophet Jesaja klagt über ihn:

> *Wie bist du vom Himmel gefallen, du schöner Morgenstern! Wie wurdest du zu Boden geschlagen, der du alle Völker niederschlugst!* (Jes 14,12).

Abgrund (griechisch *Abyssos*) ist der Ort der gefangenen Dämonen (siehe z. B. Lk 8,31). Satan bekommt also die Erlaubnis (Schlüssel), die hier gefangenen Dämonen freizulassen. Verstehen wir jetzt den Weheruf des Adlers?

***(9,2) Und er tat den Brunnen des Abgrunds auf, und es stieg auf ein Rauch aus dem Brunnen wie der Rauch eines großen Ofens, und es wurde verfinstert die Sonne und die Luft von dem Rauch des Brunnens.***

Zahllose Geister der Finsternis verdunkeln die Sonne und die Luft! Ich denke, erst die folgenden Sätze werden etwas „Licht" in die Situation bringen:

***(9,3) Und aus dem Rauch kamen Heuschrecken auf die Erde, und ihnen wurde Macht gegeben, wie die Skorpione auf Erden Macht haben.***

Sind hiermit dämonisierte Menschen gemeint, die moderne Panzer und Kampfflugzeuge steuern? Sie haben nur ein Ziel:

***(9,4) Und es wurde ihnen gesagt, sie sollten nicht Schaden tun dem Gras auf Erden noch allem Grünen noch irgendeinem Baum, sondern allein den Menschen, die nicht das Siegel Gottes haben an ihren Stirnen.***

Nur Geisteswesen sind fähig, diese Kennzeichnung überhaupt wahrzunehmen. Und – das wissen wir auch aus der Schrift – sie haben vor einer Begegnung mit dem Göttlichen eine unglaubliche Angst. Natürlich können wir es nicht mit Sicherheit wissen, aber es ist vorstellbar, dass hier Dämonen von einer gottlosen Menschheit Besitz ergreifen und sie dadurch sensibilisiert werden für eine Unterscheidung zwischen den Unversiegelten und den Versiegelten der hundertvierundvierzigtausend Erstlinge aus den zwölf Stämmen Israels. Wir erinnern uns: Die Erlösten aus den Nationen (hebräisch: *Gojim*) sind bereits entrückt. Übrig gebliebben sind die Juden, die unter dem Gesetz des ersten Bundes bis heute gelebt und geglaubt haben, einschließlich der Völker, die von Ephraim abstammen.

***(9,5) Und ihnen wurde Macht gegeben, nicht dass sie sie töteten, sondern sie quälten fünf Monate lang; und ihre Qual war wie eine Qual von einem Skorpion, wenn er einen Menschen sticht.***

Hier könnte von einem Giftkrieg bzw. von dem Angriff mit einem Nervengas, dessen Wirkung sehr lange anhält, die Rede sein.

***(9,6) Und in jenen Tagen werden die Menschen den Tod suchen und nicht finden, sie werden begehren zu sterben und der Tod wird von ihnen fliehen.***

Sind die feindlichen Nationen jetzt so schwach geworden, dass sie total hilflos sind?

***(9,7) Und die Heuschrecken sahen aus wie Rosse, die zum Krieg gerüstet sind, und auf ihren Köpfen war etwas wie goldene Kronen, und ihr Antlitz glich der Menschen Antlitz …***

Nachdem Johannes den Auftrag dieser Heuschrecken erklärt hat, beschreibt er ihre Gestalt. Ihre Rüstungen oder das Aussehen ihrer modernen Waffen sind der Gestalt einer Heuschrecke offensichtlich nicht unähnlich. Sie tragen Helme in ihren Kampfmaschinen, die in der Sonne golden schimmern.

***(9,8) … und sie hatten Haar wie Frauenhaar und Zähne wie Löwenzähne …***

Man kann sie sich nur als sehr hässlich vorstellen, wobei ihr Äußeres ihrem Wesen entspricht.

***(9,9) … und hatten Panzer wie eiserne Panzer, und das Rasseln ihrer Flügel war wie das Rasseln der Wagen vieler Rosse, die in den Krieg laufen …***

Also doch tieffliegende Kampfflugzeuge?

***(9,10) ... und hatten Schwänze wie Skorpione und hatten Stacheln, und in ihren Schwänzen war ihre Kraft, Schaden zu tun den Menschen fünf Monate lang ...***

Muss man hier nicht unweigerlich an Geschützrohre von irgendwelchen gepanzerten Ungetümen denken?

***(9,11) ... sie hatten über sich einen König, den Engel des Abgrunds; sein Name heißt auf Hebräisch Abaddon und auf Griechisch hat er den Namen Apollyon.***

Es liegt wohl nahe, in diesem König des Abgrunds noch einmal Satan zu vermuten (vgl. Offb 9,1). Aber warum sollte er dann an dieser Stelle noch einmal ausdrücklich und mit diesem ungewöhnlichen Namen erwähnt werden? – Sein Name Apollyon (Verderber) deckt seine wahre „Berufung" auf und ist als Steigerung seines sonstigen Namens Diabolos (Durcheinanderwerfer) zu verstehen.

***(9,12) Das erste Wehe ist vorüber; siehe, es kommen noch zwei Wehe danach.***

Damit ist das fünfte Posaunengericht abgeschlossen.

***(9,13) Und der sechste Engel blies seine Posaune; und ich hörte eine Stimme aus den vier Ecken des goldenen Altars vor Gott ...***

Mit diesem Altar ist der Räucheraltar gemeint, er ist „zuständig für die Gebete der Heiligen". Wir haben schon zu Beginn der sieben Posaunengerichte erlebt, wie ein Engel sein Räuchergefäß mit Feuer vom Altar füllte und auf die Erde schüttete (vgl. Offb 8,3-5). Diesmal kommt der Handlungsbefehl direkt von diesem Altar.

Das heißt, es geht wieder um die Erfüllung der Gebete der Heiligen und damit gewiss auch um die Beantwortung der Gebete der Märtyrer aus dem fünften Siegelabschnitt: *„... und ihnen wurde gesagt, dass sie ruhen müssten noch eine kleine Zeit, bis* ***vollzählig*** *dazukämen ihre Mitknechte und Brüder, die auch noch getötet werden sollten wie sie"* (Offb 6,11). Zwischenfrage: Gibt es auch eine Vollzahl der Märtyrer?

***(9,14) ... die sprach zu dem sechsten Engel, der die Posaune hatte: Lass los die vier Engel, die gebunden sind an dem großen Strom Euphrat.***

Im Gebiet des Euphrat finden wir eine ganze Reihe moslemischer Staaten, die sozusagen eine Barriere bilden zwischen West und Ost. Wird hier ein kommendes Gericht am Islam angedeutet?

***(9,15) Und es wurden losgelassen die vier Engel, die bereit waren für die Stunde und den Tag und den Monat und das Jahr, zu töten den dritten Teil der Menschen.***

Der *Kairos* Gottes wird punktgenau eingehalten. Man hat hier nicht den Eindruck, dass die biblische Prophetie Wahlmöglichkeiten offenlässt. Etwa in dem Sinn, dass dann, wenn die Menschheit Buße tut, alle diese Gerichte ungeschehen bleiben. Ich möchte in diesem Zusammenhang auch an das Gleichnis Jesu vom Unkraut unter dem Weizen erinnern (vgl. Mt 13,24-30): Auch das Unkraut muss ausreifen. Die Schrift ist voll von sehr deutlichen Aussagen zu diesem Thema! *„Die Ernte der Erde ist reifgeworden"* (Offb.14,15).

***(9,16) Und die Zahl des reitenden Heeres war vieltausendmal tausend; ich hörte ihre Zahl.***

Die im Text angegebene Zahl beträgt zweihundert Millionen. Ich benutze eine Lutherbibel und Martin Luther fand die Zahlenangabe an dieser Stelle dermaßen unglaubwürdig, dass er sie für rein symbolisch hielt. Aber heute wissen wir es besser! Asiatische Staaten sind aufgrund der ihnen zur Verfügung stehenden Menschenmassen tatsächlich in der Lage, ein solches Riesenheer auf die Beine zu stellen.

Die Fortsetzung und der Abschluss dieses Atomkrieges werden in der sechsten Plage beschrieben, und dort erfahren wir, dass der Euphrat austrocknen wird, damit der Weg bereitet würde den Königen vom Aufgang der Sonne (vgl. Offb 16,12).

***(9,17) Und so sah ich in dieser Erscheinung die Rosse und die darauf saßen: Sie hatten feuerrote und blaue und schwefelgelbe Panzer, und die Häupter der Rosse waren wie die Häupter der Löwen, und aus ihren Mäulern kam Feuer und Rauch und Schwefel.***

Es handelt sich hier natürlich nicht um Pferde, sondern vielmehr um „Stahlrosse". Wie sollte ein Mensch der Antike, der noch nie Maschinen oder Fahrzeuge unserer Zeit gesehen hat, diese Ungetüme auch anders beschreiben?

***(9,18) Von diesen drei Plagen wurde getötet der dritte Teil der Menschen, von dem Feuer und Rauch und Schwefel, der aus ihren Mäulern kam.***

Drei Plagen:

Feuer = Phosphorbomben

Rauch = Gasbomben

Schwefel= biologische Kampfstoffe

Ein Drittel der Menschheit wird vernichtet – das sind Milliarden! Der sogenannte „totale Krieg", so wie ihn Hitler wollte, war nichts gegenüber dem, was der Menschheit noch bevorstehen wird: Eine Mordoffensive, die nichts mehr am Leben lässt!

***(9,19) Denn die Kraft der Rosse war in ihrem Maul und in ihren Schwänzen; denn ihre Schwänze waren den Schlangen gleich und hatten Häupter, und mit denen taten sie Schaden.***

Jetzt ist klar ersichtlich, dass Johannes hier Panzer beschreibt. Er sieht die Tarnfarben, die langen Geschützrohre und erkennt an deren Ende sogar die kopfförmig verdickte Mündungsbremse, die schlangenähnlichen Häupter, wie er sie nennt.

***(9,20) Und die übrigen Leute, die nicht getötet wurden von diesen Plagen, bekehrten sich doch nicht von den Werken ihrer Hände, dass sie nicht mehr anbeteten die bösen Geister und die goldenen, silbernen, ehernen, steinernen und hölzernen Götzen, die weder sehen noch hören noch gehen können ...***

Wie oft habe ich mich schon gefragt, warum die Menschen nicht glauben können oder wollen. Und dabei halten sie fest an Vorstellungen und Ideologien, für die man noch viel mehr Glauben benötigt, als für den Glauben an Gott und eine übernatürliche Welt. Jeder, der aufrichtig nach Gott fragt, wird ihn finden. Wenn es Ihnen schwerfällt zu glauben, dann beten Sie doch einfach einmal und sagen Sie ihm, dass Sie nicht glauben können, aber wenn er doch existiert, dann erbitten Sie sich demütig eine Antwort!

Was sind Götzen? Es sind Dinge oder Gegenstände, von denen man Schutz, Führung oder Kraft erwartet. Zum Beispiel ein Talisman, eine Kette oder selbst ein Kruzifix. Warum gehen die Leute zu Schamanen oder zu Geistheilern? Warum umarmen sie Bäume, um aus ihnen Kraft zu ziehen?

Warum hat die Esoterik so viele Anhänger, oder der Okkultismus? Warum glaubt man lieber an den Teufel als an Gott?

***(9,21) ... und sie bekehrten sich auch nicht von ihren Morden, ihrer Zauberei, ihrer Unzucht und ihrer Dieberei.***

Und dabei wäre es so einfach: „Herr, ich bin ein Dieb, vergib mir!"

Die Menschheit, die noch lebt, bekehrt sich nicht. Das bedeutet aber auch, dass der Zorn Gottes noch nicht ablassen wird. Alles strebt auf einen Höhepunkt beziehungsweise auf das Ende dieser Welt zu. Allerdings, das Ende der sechsten Gerichtsposaune ist noch gar nicht erreicht! Der Adler verkündet den Abschluss seines zweiten Weherufes erst in Offenbarung 11,14.

Zwischen der sechsten und der siebenten Gerichtsposaune wird wieder eine Zäsur gesetzt, und zwar deshalb, weil die Apokalypse des Antichristen (oder des Gegenmessias) noch aussteht.

> *Was nun das Kommen unseres Herrn Jesus Christus angeht und unsre Vereinigung mit ihm, so bitten wir euch, liebe Brüder, dass ihr euch in eurem Sinn nicht so schnell wankend machen noch erschrecken lasst – weder durch eine Weissagung noch durch ein Wort oder einen Brief, die von uns sein sollen –, als sei der Tag des Herrn schon da. Lasst euch von niemandem verführen, in keinerlei Weise; denn zuvor muss der Abfall kommen und der Mensch der Bosheit offenbar (apokalypto) werden, der Sohn des Verderbens. Er ist der Widersacher, der sich erhebt über alles, was Gott oder Gottesdienst heißt, sodass er sich in den Tempel Gottes setzt und vorgibt, er sei Gott* (2 Thess 2,1-4).

Diese Apokalypse des Antichristen wird im Wesentlichen Inhalt der folgenden Kapitel sein.

## Kapitel 10

# Der dritte Abschnitt des siebten Siegels: Der Engel mit dem offenen Buch

***(10,1) Und ich sah einen andern starken Engel vom Himmel herabkommen, mit einer Wolke bekleidet, und der Regenbogen auf seinem Haupt und sein Antlitz wie die Sonne und seine Füße wie Feuersäulen.***

Die Beschreibung dieses Engels ist kein Zufall. Man gewinnt den Eindruck, dass dieses machtvolle Wesen direkt aus der Nähe Gottes kommt (sein Antlitz leuchtet wie die Sonne). Die Herrlichkeitswolke wird bei Jesu Wiederkunft besonders beschrieben (vgl. Mt 24,30b) und der Regenbogen war einmal das Bundeszeichen zwischen Gott und Noah. Die Füße wie Feuersäulen deshalb, weil sie ausdrücken werden, dass unsere Erde Gott gehört und nun in ihrer Gesamtheit unter das Feuer Gottes gerät.

***(10,2) Und er hatte in seiner Hand ein Büchlein, das war aufgetan. Und er setzte seinen rechten Fuß auf das Meer und den linken auf die Erde ...***

Ich bin überzeugt, dass dieses aufgeschlagene Buch die Prophetien Daniels enthält, denn in diesen steht geschrieben:

> *Geh hin Daniel; denn es ist verborgen und versiegelt bis auf die letzte Zeit. Viele werden gereinigt, geläutert und geprüft werden, aber die Gottlosen werden gottlos handeln; alle Gottlosen werden's nicht verstehen, aber die Verständigen werden's verstehen* (Dan 12,9-10).

Jetzt wird Israel die Botschaft der zweitausenddreihundert Abende und Morgen verstehen, von denen in Daniel 8 die Rede ist, und ebenso die

Beschreibung der siebzig Jahrwochen in Kapitel 9 sowie der dreieinhalb Zeiten des Antichristen in Jerusalem in Kapitel 12.

***(10,3) … und er schrie mit großer Stimme, wie ein Löwe brüllt. Und als er schrie, erhoben sieben Donner ihre Stimme.***

Erhebt jetzt der Löwe von Juda seine Stimme? Und was haben die sieben Donner zu sagen?

***(10,4) Und als die sieben Donner geredet hatten, wollte ich es aufschreiben. Da hörte ich eine Stimme vom Himmel zu mir sagen: Versiegle, was die sieben Donner geredet haben, und schreibe es nicht auf!***

Obwohl wir es noch nicht genau wissen können, bin ich mir doch sehr sicher, dass die sieben Donner im Kontext mit dem „geöffneten Büchlein" sprechen. Zur Zeit der Niederschrift dieser Apokalypse vor rund zweitausend Jahren musste das Buch Daniel aber noch verborgen und versiegelt bleiben. Die Niederschrift dessen, was die sieben Donner gesprochen haben, hätte diese Versiegelung aufgehoben.

Eine Offenbarung dessen, was die sieben Donnerstimmen zu sagen haben, werden die Gläubigen vor der Apokalypse des Antichristen (Offb 11) erfahren!

***(10,5) Und der Engel, den ich stehen sah auf dem Meer und auf der Erde, hob seine rechte Hand auf zum Himmel***
***(10,6) und schwor bei dem, der da ewig lebt von Ewigkeit zu Ewigkeit, der den Himmel geschaffen hat und was darin ist und die Erde und was darin ist und das Meer und was darin ist: Es soll hinfort keine Zeit mehr sein …***

Der Planet Erde gehört Gott und zwar deshalb, weil er ihn geschaffen hat mit allem, was darauf ist. Das ist nicht das erste Mal, dass Gott erklärt, wer der Schöpfer des Lebens ist, und, dass an dieser Stelle mit solch unerträglicher Macht durch eines seiner herrlichsten Geschöpfe, dass man es fast nicht mehr aushalten kann. Wann werden jene Christen, die einen Schöpfergott ablehnen, diesen Anspruch Gottes anerkennen und sich von dem Götzen der Evolution, dem sie so eifrig dienen, abwenden?

Der Schwur des Engels bei dem Ewigen und Allmächtigen gilt für die kommende Zeit des siebenten Posaunengerichts. „Zeit" – hier *Chronos* – meint die Zeitspanne der gottlosen Menschheit. Ihre Zeit ist abgelaufen. *Chronos* kann man auch mit „Frist" übersetzen.

***(10,7) …sondern in den Tagen, wenn der siebente Engel seine Stimme erheben und seine Posaune blasen wird, dann ist vollendet das Geheimnis Gottes, wie er es verkündigt hat seinen Knechten, den Propheten.***

Christus ist das Geheimnis Gottes (vgl. Kol 2,2) und dieses Geheimnis wird parallel dazu vollendet, wie seine Apokalypse der Vollendung entgegengeht.

***(10,8) Und die Stimme, die ich vom Himmel gehört hatte, redete abermals mit mir und sprach: Geh hin, nimm das offene Büchlein aus der Hand des Engels, der auf dem Meer und auf der Erde steht!***

Erstens: Noch einmal wird betont, dass das Büchlein geöffnet ist.

Zweitens: Erst jetzt, gegen Ende des sechsten Posaunengerichts, wird der Inhalt dieses kleinen Buches in die Hände der Menschen gelegt, damit sie sich damit beschäftigen:

***(10,9) Und ich ging hin zu dem Engel und sprach zu ihm: Gib mir das Büchlein! Und er sprach zu mir: Nimm und verschling's! Und es wird dir bitter im Magen sein, aber in deinem Mund wird's süß sein wie Honig.***

Es gibt zu diesem Text eine interessante Parallele im Alten Testament in Hesekiel 3,1-3. Auch hier muss der Prophet die Botschaft Gottes im wahrsten Sinne des Wortes verinnerlichen, indem er sie aufessen soll – also nicht nur einmal lesen, sondern damit schwanger gehen, damit vor dem Herrn stehen, um Verständnis bitten und nicht nachlassen, bis der Herr die Antwort schenkt!

Diese Botschaft wird in unserem Mund *„süß sein wie Honig"* – das heißt, wenn wir diese prophetischen Worte verstehen, werden sie uns begeistern, sie werden uns schmecken. Aber wenn wir sie verdauen, das heißt, wenn wir sie erleben, werden wir Magenkrämpfe bekommen, es wird uns wehtun!

***(10,10) Und ich nahm das Büchlein aus der Hand des Engels und verschlang's. Und es war süß in meinem Mund wie Honig, und als ich's gegessen hatte, war es mir bitter im Magen.***

Ein Prophet durchleidet häufig das Wort, das er zu predigen hat. Es ist ihm eine Last, die er manchmal kaum zu tragen vermag und die erst dann von ihm weicht, wenn er sie ausgerichtet hat.

***(10,11) Und mir wurde gesagt: Du musst abermals weissagen von Völkern und Nationen und Sprachen und vielen Königen.***

Der Antichristus bzw. Gegenmessias muss und wird die Konfrontation mit Israel suchen. Er muss den Tempel besetzt halten, damit der wahre König Israels nicht kommen kann. Deshalb spitzt sich die Auseinandersetzung zwischen Israel und dem Islam so zu und fokussiert sich auf Jerusalem.

Es gibt im Alten Testament zwei endzeitliche Prophetien, die man so direkt gar nicht in der Offenbarung findet, die sich aber sehr exakt mit der Auseinandersetzung zwischen Israel und seinen Feinden in der Endzeit beschäftigen.

Da ist zum einen Joel 4,1-15, wo es um den Krieg des Islam um Jerusalem geht. Dieser Krieg ereignet sich zeitlich vor den eschatologischen Zeichen, also während der großen Trübsal im vierten Siegelabschnitt, und wird offensichtlich dort auch beschrieben (vgl. Mt 24,15-21). Und zum anderen gibt es in Hesekiel die Kapitel 38 und 39, die sich mit einer endzeitlichen Schlacht von einem Feind aus dem Norden (Russland?) gegen Israel befassen. Diese Prophetien sind so umfangreich und bedeutend, dass ich sie im Zusammenhang mit anderen endzeitlichen Texten aus dem Alten Testament in einem zweiten Band behandeln möchte.

Wenn wir uns jetzt Offenbarung 11 anschauen, werden wir sehen, dass der Gegenmessias bereits in Jerusalem regiert. Das wird hier in Kapitel 11 der Offenbarung bereits als gegeben vorausgesetzt!

# Kapitel 11

## Der vierte Abschnitt des siebten Siegels: zwei Bußprediger

***(11,1) Und es wurde mir ein Rohr gegeben, einem Messstab gleich, und mir wurde gesagt: Steh auf und miss den Tempel Gottes und den Altar und die dort anbeten.***

Johannes erhält hier den Auftrag, dem Tempel, dem Altar und den Menschen, die dort anbeten, ein göttliches Maß anzulegen. Das geistliche Zentrum des Volkes Israel in Jerusalem ist wieder aufgebaut und dient den Menschen als Ort des Gebetes. Das setzt voraus, dass die Herrschaft des Islam über den Tempelberg beendet wurde. Wann? Das erfahren wir nicht.

***(11,2) Aber den äußeren Vorhof des Tempels lass weg und miss ihn nicht, denn er ist den Heiden gegeben; und die heilige Stadt werden sie zertreten zweiundvierzig Monate lang.***

War der äußere Vorhof nicht schon immer der Vorhof der Heiden? Wenn aber hier geschrieben steht, dass die Heiden die heilige Stadt zertreten werden, dann scheint es mir hier um eine Verunreinigung zu gehen, mehr noch, um ein In-den-Schmutz-Ziehen des Heiligen, das allein Gott gehört!

Das rechtfertigt dann auch, dass dieser Tempel dem richtenden Blick Gottes nicht entgehen kann. Jesaja weissagt über das zukünftige Jerusalem:

> *Wach auf, wach auf, Zion, zieh an deine Stärke! Schmücke dich herrlich, Jerusalem, du heilige Stadt! Denn es wird hinfort kein Unbeschnittener oder Unreiner zu dir hineingehen* (Jes 52,1).

Die Dauer der Herrschaft der „Heiden" (*Gojim*) über Jerusalem ist begrenzt und beträgt genau zweiundvierzig Monate oder umgerechnet dreieinhalb Jahre. Das sind die berühmten *„eine Zeit, zwei Zeiten und eine halbe Zeit"*, die schon in Daniel 7,25 und 12,7 auftauchen und uns noch länger beschäftigen werden: Die Zeit der Herrschaft des Antichristen in Jerusalem.

***(11,3) Und ich will meinen zwei Zeugen Macht geben, und sie sollen weissagen tausendzweihundertundsechzig Tage lang, angetan mit Trauerkleidern.***

Zwei Zeugen und Propheten Gottes, ausgestattet mit Machtbefugnissen, die auf Mose und Elia zurückgehen, die berühmten Helden Gottes aus der Zeit des ersten Bundes. Sie tragen Bußgewänder (griechisch: *Sakkos* – Sack, grober Stoff) und predigen der Stadt Jerusalem Buße, ähnlich wie seinerzeit Johannes der Täufer vor dem Auftreten Jesu in kratzendem Kamelhaar-Umhang (vgl. Mt 17,10-13) aufgetreten ist. Diese Parallele ist nicht zu übersehen.

Aus dem griechischen Wort, das hier zugrunde liegt (*martys*), hat man in unserem Sprachraum das Wort Märtyrer abgeleitet. Es könnte im obigen Zusammenhang auch mit „Blutzeuge" wiedergegeben werden.

Auch ihre Zeit ist auf den gleichen Zeitabschnitt begrenzt, für den Jerusalem den *Gojim (Heiden)* gegeben ist: 1260 Tage. Das sind umgerechnet dreieinhalb Jahre oder zweiundvierzig Monate. Ich vermute, dass die unterschiedlichen Zeitangaben, die aber doch die gleiche Zeitspanne beschreiben, kein Zufall sind, sondern mehr beinhalten.

Als Jesus mit Petrus, Jakobus und Johannes auf einen Berg stieg und dort mit Mose und Elia sprach, war das für die drei Jünger Anlass, Jesus eine Frage zu stellen: *„Warum sagen denn die Schriftgelehrten, zuerst müsse Elia kommen?"* Jesus antwortete: *„Elia soll freilich kommen und alles zurechtbringen"* (Mt 17, 10-11).

Diese Frage der Jünger bezieht sich auf eine Prophetie des Maleachi am Schluss seines Buches und damit auch am Schluss des gesamten Tenach (hebräische Bezeichnung der jüdischen Bibel, die wir Altes Testament nennen):

> *Siehe, ich will euch senden den Propheten Elia, ehe der große und schreckliche Tag des Herrn kommt. Der soll das Herz der Väter bekehren*

> *zu den Söhnen und das Herz der Söhne zu ihren Vätern, auf dass ich nicht komme und das Erdreich mit dem Bann schlage* (Mal 3,23-24).

Es geht hier nicht darum, einen Generationskonflikt in den Familien zu lösen. **Es geht um Israels Glaubensväter und seine heutigen Söhne**. Eine Umkehr der ungläubigen Söhne der Endzeitgeneration zum Fundament des Glaubens ihrer Vorfahren wird für die Apokalypse des Messias gegenüber Israel genauso nötig sein wie eine Erweckung in den Herzen der dann noch lebenden geistlichen Väter (orthodoxe Juden) zu neuer Liebe und Annahme der verweltlichten jüdischen Generation der Gegenwart.

Wir hatten am Anfang einmal die Frage gestellt, ob der Messias in den zweitausend Jahren des Christentums nicht seine jüdische Identität verloren hat (und es dadurch für Juden schwer ist, an ihn zu glauben!). Ich glaube ja, und deshalb braucht es diesen Elia-Buß-Ruf in Jerusalem unbedingt!

Bei Maleachi wird das Kommen nur eines einzigen berühmten Propheten genannt. Warum sind es in Offenbarung 11 zwei? Weil in Israel alle Anklagen vor Gericht durch zwei oder drei Zeugen bestätigt werden mussten (5 Mose 19,15). Und darum geht es hier offensichtlich auch: Um eine Anklage gegen Jerusalem, das in Vers 8 *„geistlich Sodom und Ägypten genannt wird, wo auch ihr Herr gekreuzigt wurde"*.

***(11,4) Diese sind die zwei Ölbäume und die zwei Leuchter, die vor dem Herrn der Erde stehen.***

Das Wappen des Staates Israel der Gegenwart ist der siebenarmige Leuchter, der rechts und links von einem Olivenzweig eingerahmt wird. Hier geht es um alte biblische Symbole, die uns Christen vielleicht nichts mehr zu sagen haben, aber den Juden schon.

Vergessen wir nicht: Jerusalem steht vor Gericht! Zuerst werden Tempel, Altar und Anbeter am Maßstab Gottes gemessen. Danach treten zwei Gerichtsprediger auf, die zur Buße rufen! Diese zwei Bußprediger sind die beiden Zeugen des Herrn der Erde. Ölbaum und siebenarmiger Leuchter stellen die Fundamente des alten biblischen Glaubens symbolisch dar. Der Ölbaum steht für die weltliche Autorität, der Leuchter für die geistliche Autorität.

***(11,5) Und wenn ihnen jemand Schaden tun will, so kommt Feuer aus ihrem Mund und verzehrt ihre Feinde; und wenn ihnen jemand Schaden tun will, muss er so getötet werden.***

So kennen wir unseren Gott gar nicht. Aber wir dürfen nicht vergessen: Der Tag des Zornes hat begonnen (vgl. Offb 6,17)! Für die Nationen, die gerade Jerusalem zertreten, ist die Gnadenzeit abgeschlossen. Wir haben es jetzt mit Gott, dem Richter zu tun, von dem auch das Neue Testament in Hebräer 12,29 schreibt: *„Denn unser Gott ist ein verzehrendes Feuer"*!

Die beiden Zeugen befinden sich hier in „Sodom und Ägypten", wie es in Vers 8 heißt. Und sie stehen dort in der Autorität des Herrn der Erde, und damit sollte keiner leichtfertig umgehen. Jerusalem wird das bald zu spüren bekommen!

Elia wurde schon im Alten Testament Vollmacht über die Verwendung des göttlichen Feuers gegeben und offensichtlich ist diese Vollmacht auch in seinem endzeitlichen Dienst in Jerusalem immer noch das Zeichen seiner Autorität.

***(11,6) Diese haben Macht, den Himmel zu verschließen, damit es nicht regne in den Tagen ihrer Weissagung, und haben Macht über die Wasser, sie in Blut zu verwandeln und die Erde zu schlagen mit Plagen aller Art, sooft sie wollen.***

Zwei Männer, ausgestattet mit unglaublichen Machtbefugnissen, nicht nur in der Vollmacht des Elia, sondern auch in der des Mose, der damals den Pharao durch göttliche Plagen gezwungen hat, das Volk Israel aus der Sklaverei zu entlassen. So wird auch der endzeitliche Mose den Antichristen in Jerusalem durch die altbekannten ägyptischen Plagen zwingen, das Volk Israel freizugeben.

Wer wird sie sehen und erkennen?

Ich habe in diesem vorangehenden Abschnitt etwas vorsichtig formuliert, weil sich die Offenbarung hier auch nicht ganz deutlich ausdrückt. Aber ich halte es durchaus für möglich, dass es sich bei diesen beiden Blutzeugen direkt um Mose und Elia handelt und zwar deshalb, weil sie auf dem Berg der Verklärung erscheinen und mit Jesus möglicherweise auch über ihren endzeitlichen Dienst sprechen (das ist natürlich nur eine Vermutung).

***(11,7) Und wenn sie ihr Zeugnis vollendet haben, so wird das Tier, das aus dem Abgrund aufsteigt, mit ihnen kämpfen und wird sie überwinden und wird sie töten.***

In Kapitel 13 werden wir uns ausführlich mit diesem Tier auseinandersetzen. Hier erfahren wir nur, dass es aus dem Abgrund (*Abbyssos*, dem Ort der Dämonen) aufsteigt. Es ist die weltumspannende dämonische Macht des Gegenspielers Jesu.

***(11,8) Und ihre Leichname werden liegen auf dem Marktplatz der großen Stadt, die heißt geistlich: Sodom und Ägypten, wo auch ihr Herr gekreuzigt wurde.***

Jerusalem steht im Zentrum der Auseinandersetzung zwischen Messias und Gegenmessias. Und wir hatten auch schon festgestellt, dass die Apokalypse des Antichristen **vor** der Apokalypse des Christus kommen muss. Genau das ist der Punkt, an dem wir jetzt stehen!

***(11,9) Und Menschen aus allen Völkern und Stämmen und Sprachen und Nationen sehen ihre Leichname drei Tage und einen halben und lassen nicht zu, dass ihre Leichname ins Grab gelegt werden.***

Bis vor knapp einhundert Jahren konnte sich noch niemand vorstellen, dass die ganze Welt die Leichen der zwei Propheten „sehen" könnte. Aber heute denken wir noch nicht einmal mehr über das Außergewöhnliche dieses Satzes nach! Smartphones und andere moderne Medien machen es möglich. Dreieinhalb Tage – das ist ebenfalls eine symbolische Zeit, analog zu den dreieinhalb Zeiten.

Übrigens, wie so oft im Buch der Apokalypse Jesu, werden wir ausdrücklich darauf hingewiesen, dass es sich hier um ein globales Ereignis handelt!

***(11,10) Und die auf Erden wohnen, freuen sich darüber und sind fröhlich und werden einander Geschenke senden; denn diese zwei Propheten hatten gequält, die auf Erden wohnten.***
***(11,11) Und nach drei Tagen und einem halben fuhr in sie der Geist des Lebens von Gott, und sie stellten sich auf ihre Füße; und eine große Furcht fiel auf die, die sie sahen.***

Eine Totenauferweckung vor den Augen des Fernsehens? Habe ich hier übertrieben? Aber offensichtlich werden diese beiden doch das globale Medienereignis des Jahrhunderts sein! Die Medien werden immer live dabei sein, sodass die beiden Männer nicht „mogeln" können.

***(11,12) Und sie hörten eine große Stimme vom Himmel zu ihnen sagen: Steigt herauf! Und sie stiegen auf in den Himmel in einer Wolke, und es sahen sie ihre Feinde.***

Tod und Übergang der zwei Blutzeugen in die Ewigkeit sind ein größeres Zeugnis für die Ungläubigen als die Plagen zuvor. Aber das ist noch nicht alles:

***(11,13) Und zu derselben Stunde geschah ein großes Erdbeben, und der zehnte Teil der Stadt stürzte ein; und es wurden getötet in dem Erdbeben siebentausend Menschen, und die anderen erschraken und gaben dem Gott des Himmels die Ehre.***

Das ist das erste Mal, dass ein Bußruf Erfolg hat. Sonst heißt es immer lapidar *„und sie taten dennoch nicht Buße ..."* (Offb 9,20; 16,9; 16,11).

Jetzt kann Erweckung für Jerusalem kommen, die Bedingung für die Wiederkunft Jesu, des Sohnes Davids, in seine Stadt, wie der Prophet Sacharja weissagt: *„Ich will ausgießen den Geist der Gnade und des Gebets und sie werden mich ansehen, den sie durchbohrt haben ..."* (Sach 12,10).

***(11,14) Das zweite Wehe ist vorüber; siehe, das dritte Wehe kommt schnell.***

Konkret geht es hier um die Spanne zwischen dem Ende des zweiten Wehes und dem Anfang des dritten Wehes, deshalb wäre es meines Erachtens glücklicher, das hier zugrunde liegende Wort *tachys* besser mit „plötzlich" zu übersetzen.

Dieses dritte Wehe, das nun folgt, wird durch die siebente Posaune angekündigt. Höhepunkt dieses letzten Gerichtsrufes an die Menschheit sind die sieben letzten Plagen.

Jetzt erwarten wir die **Vollendung** des Geheimnisses Gottes, so wie es der gewaltige Engel im vorigen Kapitel angekündigt hat! Aber wir werden in diesen **sieben letzten Plagen** auch die Vollendung des **Zornes Gottes** sehen!

***(11,15) Und der siebente Engel blies seine Posaune; und es erhoben sich große Stimmen im Himmel, die sprachen:***

***Es sind die Reiche der Welt unseres Herrn und seines Christus geworden, und er wird regieren von Ewigkeit zu Ewigkeit.***

Die Stunde ist gekommen, in der endlich alle antigöttliche Macht offenbar werden muss und danach vernichtet wird. Wir werden den Untergang des endzeitlichen globalen Herrschaftssystems erleben, dargestellt durch zwei gräuliche und schreckliche Tiere, die Verwüstung und Zerstörung des globalen religiösen Systems, dargestellt durch die Hure „Babylon" und schlussendlich werden wir die Aufrichtung des Reiches Gottes für Israel sehen.

Paulus drückt diese Hoffnung der Urgemeinde folgendermaßen aus:

> *Denn wie sie in Adam alle sterben, so werden sie in Christus alle lebendig gemacht werden. Ein jeder aber in seiner Ordnung: als Erstling Christus; danach, wenn er kommen wird, die, die Christus angehören; danach das Ende, wenn er das Reich Gott, dem Vater, übergeben wird, nachdem er alle Herrschaft und alle Macht und Gewalt vernichtet hat. Denn er muss herrschen, bis Gott ihm alle Feinde unter seine Füße legt. Der letzte Feind, der vernichtet wird, ist der Tod* (1 Kor 15,22-26).

> *Er erniedrigte sich selbst und ward gehorsam bis zum Tode, ja zum Tode am Kreuz. Darum hat ihn auch Gott erhöht und hat ihm den Namen gegeben, der über alle Namen ist, dass in dem Namen Jesu sich beugen sollen aller derer Knie, die im Himmel und auf Erden und unter der Erde sind* (Phil 2,8-10).

***(11,16) Und die vierundzwanzig Ältesten, die vor Gott auf ihren Thronen saßen, fielen nieder auf ihr Angesicht und beteten Gott an***
***(11,17) und sprachen: Wir danken dir, Herr, allmächtiger Gott, der du bist und der du warst, dass du an dich genommen hast deine große Macht und herrschest!***

In dieser Doxologie der 24 Ältesten geht es um die **Vollendung** des Heilsplanes Gottes. Auch das ist Teil der Apokalypse Jesu Christi, der mit seinem stellvertretenden Tod am Kreuz von Golgatha dafür die entscheidende Voraussetzung geschaffen hat.

In diesem Zusammenhang möchte ich auf eine wichtige Formulierung hinweisen. Im Rahmen des Zeitalters der sieben Gemeinden heißt es von Gott dem Allmächtigen:

> ... *der da ist und der da war und der da kommt* (Offb1,4).
>
> ... *der da war und der da ist und der da kommt* (Offb 4,8).

Im Zeitalter der Vollendung des Geheimnisses Gottes (10,7):

> ... *allmächtiger Gott, der du bist und der du warst* (Offb 11,17).
>
> ... *der du bist und der du warst, du Heiliger* (Offb 16,5).

Ist Ihnen der Unterschied aufgefallen? Jetzt fehlt die Ankunft, denn nun steht die Apokalypse des Herrn unmittelbar bevor. Ich habe während meines Studiums der Offenbarung gelernt, auf solche Feinheiten zu achten.

***(11,18) Und die Völker sind zornig geworden; und es ist gekommen dein Zorn und die Zeit, die Toten zu richten und den Lohn zu geben deinen Knechten, den Propheten und den Heiligen und denen, die deinen Namen fürchten, den Kleinen und den Großen, und zu vernichten, die die Erde vernichten.***

Diese Doxologie der vierundzwanzig Ältesten kommt mir wie eine Inhaltsangabe der Zeit des siebenten Posaunengerichts vor, beginnend mit einer globalen Atmosphäre der Wut.

Ich glaube, diesen Zorn der Völker spüren wir schon heute. Zorn auf Israel, Zorn auf die Gläubigen, Zorn auf Gott, Zorn auf alles und jeden. Ein Zorn des Menschen, der Gott herausfordert und ihn förmlich zwingt, die Völker unter sein Gericht zu beugen. Deshalb wird hier auch schon der Bogen bis zum Endgericht gezogen, dem Gericht an den Toten in Offenbarung 20.

Zugleich aber wendet sich Gott auch denen zu, die erfüllt sind mit Heiligkeit und Gottesfurcht, und die zu ihm gehören. Sie sollen belohnt werden für ihre Treue im Gegensatz zu jenen, die seine Gesetze mit Füßen treten und die Erde der Vernichtung preisgeben. Wir dürfen nicht vergessen, dass wir bis jetzt überhaupt keine Ahnung haben von dem Fluch, den der Atomkrieg der ersten Posaunen anrichtet:

> *Das Land verdorrt und verwelkt, der Erdkreis verschmachtet und verwelkt, die Höchsten des Volks auf Erden verschmachten. Die Erde ist entweiht von ihren Bewohnern; denn sie übertreten das Gesetz und ändern die Gebote und brechen den ewigen Bund (der Bund Gottes mit Noah – deshalb der Regenbogen auf dem Haupt des gewaltigen Engels in Offb 10!). Darum frisst der Fluch die Erde, und büßen müssen's, die darauf wohnen. Darum nehmen die Bewohner der Erde ab, sodass wenig Leute übrig bleiben (Jes 24,4-6).*

***(11,19) Und der Tempel Gottes im Himmel wurde aufgetan, und die Lade seines Bundes wurde in seinem Tempel sichtbar; und es geschahen Blitze und Stimmen und Donner und Erdbeben und ein großer Hagel.***

Das Allerheiligste im Himmel öffnet sich vor unseren Augen mit Fokus auf die Bundeslade. Das heißt nichts anderes, als dass jetzt unser Blick auf den ersten Bund und das Volk des ersten Bundes gerichtet wird. Das wird das Thema der folgenden Kapitel sein.

*„...und es geschahen Blitze und Stimmen und Donner und Erdbeben und ein großer Hagel."* Einen ähnlichen Satz haben wir schon einmal gelesen, und zwar zu Beginn des siebenten Siegelabschnittes in Offenbarung 8,5.

Der Engel, der am Räucheraltar dient, füllte sein Räuchergefäß mit Räucherwerk und den Gebeten der Heiligen, die er hinauf vor Gott brachte. Danach füllte er dieses Gefäß mit Feuer vom (Räucher-) Altar und schüttete es auf die Erde mit einer ähnlichen Reaktion: Donner, Stimmen, Blitze und Erdbeben.

7. Siegel: Donner, Stimmen, Blitze, Erdbeben

7. Posaune: Blitze, Stimmen, Erdbeben (Offb 16,18!), großer Hagel (Offb 16,21!)

In Offenbarung 10,6 haben wir vom Schwur des gewaltigen Engels gelesen, der mit der Stimme eines Löwen brüllt, dass die Frist der Erde abgelaufen ist. Und man hat hier, bei diesen beiden angegebenen Versen wirklich den Eindruck, dass alle diese Gerichtsposaunen *tachys* hintereinander weg oder fast gleichzeitig passieren.

Der Engel schüttet seine Schale aus – wobei diese Handlung in der Welt des Geistes geschieht und für uns auf der Erde gar nicht sichtbar ist –, aber auf Erden explodiert es regelrecht.

# Kapitel 12

# Kurzgefasste göttliche Heilsgeschichte

***(12,1) Und es erschien ein großes Zeichen am Himmel: eine Frau, mit der Sonne bekleidet, und der Mond unter ihren Füßen und auf ihrem Haupt eine Krone von zwölf Sternen.***

In den nächsten Kapiteln folgen große, beeindruckende prophetische Bilder, die im Status der Vollendung und aus der Sicht Gottes die geschichtlichen Entwicklungen vom Ziel her darstellen.

Die Frage, die sich uns zuerst stellt, lautet wie folgt: Wer ist die Frau?

Für die katholische Kirche ist es **Maria**. Andere konfessionell gebundene Christen haben wieder andere Vorstellungen. Für viele freikirchliche Christen ist es **das Volk Gottes** aus dem Alten und aus dem Neuen Bund. Für mich sind es die Söhne Jakobs, also **Israel**! Dies aus folgendem Grund:

Die Ekklesia (die aus den Nationen herausgerufene Gemeinde) nennt das Neue Testament die Brautgemeinde für Jesus, den Bräutigam. Sie ist bereits entrückt!

Israel dagegen, die Frau (Jahwes), wurde von Gott zurückgestellt. Ihre Vollzahl ist zurzeit noch nicht erreicht, wird aber nicht nur von Paulus im Römerbrief prophezeit, sondern zum Beispiel auch vom Propheten Hesekiel in einer Vision in Kapitel 37 vorausgesagt:

> *Des Herrn Hand kam über mich, und er führte mich hinaus im Geist des Herrn und stellte mich mitten auf ein weites Feld; das lag voller Totengebeine ... Und er sprach zu mir: Du Menschenkind, meinst du wohl, dass diese Gebeine wieder lebendig werden? ... Und er sprach zu mir: Weissage über diese Gebeine und sprich zu ihnen: Ihr verdorrten Gebeine, höret des Herrn Wort! ... Und ihr sollt erfahren, dass ich der Herr*

*bin. Und ich weissagte, wie mir befohlen war. Und siehe, da rauschte es, als ich weissagte, und siehe, es regte sich, und die Gebeine rückten zusammen, Gebein zu Gebein. Und ich sah und siehe, es wuchsen Sehnen und Fleisch darauf, und sie wurden mit Haut überzogen,* ***es war aber noch kein Odem in ihnen.*** *Und er sprach zu mir: Weissage zum Odem ... Odem, komm herzu von den vier Winden und blase diese Getöteten an, dass sie wieder lebendig werden! ... Da kam der Odem in sie und sie wurden wieder lebendig und stellten sich auf ihre Füße, ein überaus großes Heer. Und er sprach zu mir:* ***Du Menschenkind, diese Gebeine sind das ganze Haus Israel*** *... Siehe, ich will eure Gräber auftun und hole euch, mein Volk, aus euren Gräbern herauf und bringe euch ins Land Israels ... und will ein einziges Volk aus ihnen machen im Land auf den Bergen Israels, und sie sollen allesamt einen König haben und sollen nicht mehr zwei Völker sein und nicht mehr geteilt in zwei Königreiche ...* ***Und mein Knecht David soll ihr König sein und der einzige Hirte für sie alle*** *...*
*Und ich will mit ihnen einen Bund des Friedens schließen, der soll ein ewiger Bund mit ihnen sein. Und ich will sie erhalten und mehren, und mein Heiligtum soll unter ihnen sein für immer. ... damit auch die Heiden erfahren, dass ich der Herr bin, der Israel heilig macht ...*

Und damit zum prophetischen Bild, dem großen Zeichen am Himmel: Die Frau. Sie wird nicht beschrieben durch irdische Zeichen der Macht, wie später die Hure „Babylon", sondern durch „himmlische" Bilder, die nur Gott für sie auswählen konnte und durfte, denn diese Frau hat ihre Herrlichkeit nicht verdient, sie wurde ihr von Gott verliehen. Die zwölf Sterne auf ihrer Krone stehen ohne Zweifel für die zwölf Stämme Israels.

***(12,2) Und sie war schwanger und schrie in Kindsnöten und hatte große Qualen bei der Geburt.***

Ich deute diesen Satz auf die Geburt Jeschuas (hebräisch für Jesus), des Messias. Waren diese Geburtsqualen möglicherweise ein prophetischer Hinweis für Mirjam, die Mutter, auf Jesu Kreuzestod? So wie der Prophet Jesaja Jahrhunderte vor der Geburt Jesu den berühmten Satz formulierte:

*Fürwahr, er trug unsere Krankheit und lud auf sich unsere Schmerzen. Wir aber hielten ihn für den, der geplagt und von Gott geschlagen und gemartert wäre* (Jes 53,4).

***(12,3) Und es erschien ein anderes Zeichen am Himmel, und siehe, ein großer, roter Drache, der hatte sieben Häupter und zehn Hörner und auf seinen Häuptern sieben Kronen ...***

In den nächsten Kapiteln werden wir drei antigöttlichen Mächten begegnen:

- **Drache** = Antigott (Satan)
- **Tier**= Antichristus
- **falscher Prophet** = Antigeist

Sie entsprechen der teuflischen Dreieinigkeit.

Die sieben Häupter des Drachen beschreiben symbolisch seine Herrschaftszeit für sieben Perioden der menschlichen Geschichte. Sie sind gekrönt, das heißt, sie üben ihre Macht aus. Die Hörner (einzelne Könige) sind hier noch nicht gekrönt, das heißt, ihre Zeit kommt erst noch.

***(12,4) ... und sein Schwanz fegte den dritten Teil der Sterne des Himmels hinweg und warf sie auf die Erde. Und der Drache trat vor die Frau, die gebären sollte, damit er, wenn sie geboren hätte, ihr Kind fräße.***

Satan, ursprünglich einer der machtvollsten Engel Gottes, überzeugte ein Drittel der Engelwelt, ihm zu folgen.

> *Wie bist du vom Himmel gefallen, du schöner Morgenstern! ... Du aber gedachtest in deinem Herzen: Ich will in den Himmel steigen und meinen Thron über die Sterne Gottes erhöhen, ... . Ich will auffahren über die hohen Wolken* ***und gleich sein dem Allerhöchsten*** (Jes 14,12-14).

Unter den „Sternen Gottes" verstehen wir hier in der Bildersprache des Propheten natürlich göttliche Lichtgestalten, also Engel.

***(12,5) Und sie gebar einen Sohn, einen Knaben, der alle Völker weiden sollte mit eisernem Stabe. Und ihr Kind wurde entrückt zu Gott und seinem Thron.***

> *... und er wird mit dem Stabe seines Mundes den Gewalttätigen schlagen und mit dem Odem seiner Lippen den Gottlosen töten* (Jes 11,4).

> *... und er wird sie regieren mit eisernem Stabe; und er tritt die Kelter, voll vom Wein des grimmigen Zornes Gottes, des Allmächtigen* (Offb 19,15).

In Dienst und Berufung des Messias gibt es eine Unterbrechung: Er wird geboren in Bethlehem in Schwachheit und Niedrigkeit und stirbt als Opferlamm Gottes zur Vergebung unserer Sünden (vgl. Jes 53, 3-7). Danach wird er zu Gott entrückt (vgl. Lk 24,50-53).

Die zweite Phase beginnt in Jerusalem, hier findet seine Wiederkunft in Herrlichkeit statt und von hier aus wird er die Welt regieren.

***(12,6) Und die Frau entfloh in die Wüste, wo sie einen Ort hatte, bereitet von Gott, dass sie dort ernährt werde tausendzweihundertundsechzig Tage.***

Es würde logisch passen, wenn in dieser Zeit der „Abwesenheit" des Messias „das Weib in die Wüste entflieht" (Wüste: Diaspora unter den Nationen), aber wie passt das zusammen mit den 1260 Tagen? Ich weiß es noch nicht. Diese 1260 Tage sind umgerechnet die dreieinhalb Zeiten, von denen zuerst Daniel spricht (vgl. Dan 12,7). Sie entsprechen der dem Gegenmessias zugestandenen Herrschaftszeit in Jerusalem (vgl. Offb 12,14).

***(12,7) Und es entbrannte ein Kampf im Himmel: Michael und seine Engel kämpften gegen den Drachen. Und der Drache kämpfte und seine Engel ...***

Vom Erzengel Michael (Namensbedeutung: Wer ist wie Gott?) schreibt die Bibel in Daniel 12,1 (ELB):

> *Und in jener Zeit wird Michael auftreten, der große Fürst, der für die Söhne deines Volkes eintritt. Und es wird eine Zeit der Bedrängnis sein, wie sie (noch) nie gewesen ist, seitdem (irgend)eine Nation entstand bis zu jener Zeit. Und in jener Zeit wird dein Volk gerettet werden, jeder, den man im Buch aufgeschrieben findet.*

Die Bedeutung des Namens Michael legt die Vermutung nahe, dass es sich um Jesus Christus selbst handeln könnte.

***(12,8) ... und sie siegten nicht, und ihre Stätte wurde nicht mehr gefunden im Himmel.***

Seitdem ist Satan samt seiner Engel an die Erde gebunden und Teil der irdischen materiellen Welt. Warum das so ist, werden wir nicht erklären können, solange wir selbst Teil dieser Welt sind und die Gesetze der geistigen Welt nicht verstehen.

Der Drache gibt nicht auf. Er hätte trotzdem noch gesiegt, wenn es ihm gelungen wäre, *„das Knäblein zu fressen"* (siehe Vers 4).

***(12,9) Und es wurde hinausgeworfen der große Drache, die alte Schlange, die da heißt: Teufel und Satan, der die ganze Welt verführt, und er wurde auf die Erde geworfen, und seine Engel wurden mit ihm dahin geworfen.***

Diese altbekannten Namen offenbaren das Geheimnis des Drachens. Die „alte Schlange" tritt bereits zu Beginn der Menschheitsgeschichte auf und verführt die Menschen zu Selbstgerechtigkeit, Selbstherrlichkeit und Hybris. Teufel (auf Griechisch: *Diabolos*, der Durcheinanderwerfer) oder Satan (Widersacher) sind weitere alte Namen, die sein Wesen beschreiben.

Wenn wir auch nicht alles in diesem Zusammenhang verstehen, soviel jedenfalls können wir sagen: Das Gebundensein an die Erde bedeutet für Satan eine Einschränkung seiner Macht oder auch ein Zurückgedrängtsein auf einen sehr kleinen Bereich des Universums. Zudem hat Jesus bereits durch seinen Sühnetod auf der Erde (!) am Kreuz von Golgatha Satan besiegt und nun geht es für ihn nur noch darum, durch Jesus in den *Abyssos* gebunden und später in den Feuersee geworfen zu werden.

***(12,10) Und ich hörte eine große Stimme, die sprach im Himmel: Nun ist das Heil und die Kraft und das Reich unseres Gottes geworden und die Macht seines Christus; denn der Verkläger unserer Brüder ist verworfen, der sie verklagte Tag und Nacht vor unserem Gott.***

Endlich ist es soweit! Auf diesen Satz haben wir schon so lange gewartet: *„Das Reich unseres Gottes ist geworden und die Macht seines Christus ..."*

Wir befinden uns hier in der Zeit der siebenten Posaune, dem letzten Abschnitt des siebenten Siegels, aber noch vor den sieben Plagen, der Vollendung des Zornes Gottes. **Erst jetzt wird das Millennium angekündigt!**

Im Buch des Propheten Daniel finden wir in Kapitel 2 eine Beschreibung des Traumes von König Nebukadnezars über sein gegenwärtiges und die kommenden Weltreiche. Der König träumt von einem Standbild, das vier aufeinanderfolgende Reiche darstellt:

- Der Kopf aus Gold = Babylon,
- Brust und Arme aus Silber = Medo-Persien,
- Bauch und Lenden aus Kupfer = Griechenland,

- die Schenkel aus Eisen = Rom
- und die Füße teils aus Eisen und teils aus Ton = Europa.

*Das sahst du, bis ein Stein herunterkam, ohne Zutun von Menschenhänden; der traf das Bild an seinen Füßen, die von Eisen und Ton waren, und zermalmte sie. Da wurden miteinander zermalmt Eisen, Ton, Kupfer, Silber und Gold und wurden wie Spreu auf der Sommertenne, und der Wind verwehte sie, dass man sie nirgends mehr finden konnte. Der Stein aber, der das Bild zerschlug, wurde zu einem großen Berg, so dass er die ganze Welt füllte* (Dan 2,34-35).

*Aber zur Zeit dieser Könige wird der Gott des Himmels ein Reich aufrichten, das nimmermehr zerstört wird; und sein Reich wird auf kein anderes Volk kommen. Es wird alle diese Königreiche zermalmen und zerstören; aber es selbst wird ewig bleiben* (Dan 2,44).

Wir halten fest: Der Stein wird zum Berg und füllt die ganze Welt. Mit anderen Worten, es geht also nicht um ein ewiges Reich Gottes im Himmel, so wie der Begriff „Himmelreich" in einigen Bibelübersetzungen uns vermuten lässt, sondern um ein irdisches Weltreich für Israel.

Unmittelbar bevor Jesus entrückt wurde (nachdem er den ersten Teil seiner Mission auf der Erde erfüllt hatte), fragten ihn die Jünger: *„Herr, wirst du in dieser Zeit wieder aufrichten das Reich **für Israel?"*** Jesus antwortete ihnen: *„Es gebührt euch nicht, Zeit oder Stunde zu wissen …"* (vgl. Apg 1,6-7).

Daran wird deutlich, dass auch die Jünger das Reich für Israel erwarteten und **Jesus es ihnen nicht ausredete**. Nur der Beginn bleibt ihnen und uns noch verborgen.

Es stellt sich uns noch eine andere Frage: Warum kann das Reich Gottes nun aufgerichtet werden? Weil der Verkläger der Brüder verworfen ist!

Liebe Glaubensgeschwister, die ihr dies hier lest, der Teufel ist immer noch der Verkläger der Brüder! Er kann seine Verleumdungen zwar nicht mehr vor Gott bringen, aber immer noch in unsere Gemeinden. Damit hat er schon viel Unheil angerichtet und wird es auch weiterhin tun, wenn wir ihm nicht Einhalt gebieten!

***(12,11) Und sie haben ihn überwunden durch des Lammes Blut und durch das Wort ihres Zeugnisses und haben ihr Leben nicht geliebt bis hin zum Tod.***

Erinnern wir uns nochmal an den regelmäßigen Abschluss in den Briefen an die sieben Gemeinden zu Anfang der Apokalypse: Jede Gemeinde bekommt ihre ganz speziellen Verheißungen, die jeweils immer nur den Überwindern zugesprochen werden. Je näher die allerletzte Gerichtsperiode auf die Erde und auf Satan zurollt, umso deutlicher werden die Gläubigen aus Israel, die dann noch leben, gefordert sein, zum Beispiel das Tier zu überwinden. Deshalb möchte ich schon jetzt auf einen Vers in Offenbarung 14 verweisen, wo es heißt:

> *Hier ist Geduld der Heiligen! Hier sind, die da halten die Gebote Gottes und den Glauben an Jesus!* (Offb 14,12).

***(12,12) Darum freut euch, ihr Himmel und die darin wohnen! Weh aber der Erde und dem Meer! Denn der Teufel kommt zu euch hinab und hat einen großen Zorn und weiß, dass er wenig Zeit hat.***

Kapitel 12 beschreibt die Heilsgeschichte aus göttlicher Sicht. Es geht hier also nicht um eine Weiterführung der Prophetie, sondern eher um eine Rückschau, um die Zusammenhänge verständlicher zu machen.

Wir haben zum Beispiel noch nicht die Frage beantwortet, wann Satan aus dem Himmel ausgestoßen wurde. Kann man das wissen? In gewissem Sinne schon. Jesus ist nach der Aussage des Hebräerbriefes unser Hohepriester im himmlischen Heiligtum nach der Ordnung Melchisedeks geworden. Er hat mit seinem Blut auch hier eine grundlegende und ewige Reinigung vollbracht (vgl. Hebr 9,23-24). Spätestens seit diesem Zeitpunkt konnte der Satan keinen Zutritt mehr in den Himmel haben, da dieser durch Jesu „besseres Opfer" gereinigt wurde. Schließlich sagte auch Jesus selbst in Lukas 10,18: *„Ich sah den Satan vom Himmel fallen wie einen Blitz."*

***(12,13) Und als der Drache sah, dass er auf die Erde geworfen war, verfolgte er die Frau, die den Knaben geboren hatte.***

Dieser Satz umfasst zweitausend Jahre Kirchgeschichte, in der Satan die christlichen und muslimischen Völker benutzte, um die Juden möglichst auszurotten.

***(12,14) Und es wurden der Frau gegeben die zwei Flügel des großen Adlers, dass sie in die Wüste flöge an ihren Ort, wo sie ernährt werden sollte eine Zeit und zwei Zeiten und eine halbe Zeit fern von dem Angesicht der Schlange.***

Die Wüste war ihr Ort, das heißt, die Verborgenheit unter den Völkern, nur so konnte sie überleben. Übrigens, in Kapitel 12,6 **flieht** sie in die Wüste und hier in Vers 14 **fliegt** sie in die Wüste. Es scheint dabei um zwei verschiedene Ereignisse zu gehen: um eine **zeitgeschichtliche** und um eine **endgeschichtliche** Diaspora. Die zeitgeschichtliche Flucht begann, als die Juden 135 n. Chr. von den Römern endgültig aus dem Land Israel vertrieben wurden und dieses in eine römische Provinz mit dem Namen Syria Palaestina umgewandelt wurde. Diese Flucht endete erst durch die Rückkehr der Juden mit Beginn des 20. Jahrhunderts.

Der endgeschichtliche „Flug" wird während der Zeit des Gegenmessias auf Grund der großen Trübsal (vgl. Mt 24,15-22) und der dreieinhalb Zeiten seiner Weltherrschaft stattfinden.

***(12,15) Und die Schlange stieß aus ihrem Rachen Wasser aus wie einen Strom hinter der Frau her, um sie zu ersäufen.***

Dieses Wort wird sich uns erschließen, wenn der Antimessias im Tempel Gottes offenbar geworden ist (vgl. 2 Thess 2,4).

***(12,16) Aber die Erde half der Frau und tat ihren Mund auf und verschlang den Strom, den der Drache ausstieß aus seinem Rachen.***

Vielleicht ein Erdbeben, um die Verfolger abzuschütteln?

***(12,17) Und der Drache wurde zornig über die Frau und ging hin, zu kämpfen gegen die Übrigen von ihrem Geschlecht, die Gottes Gebote halten und haben das Zeugnis Jesu.***

Hiermit können eigentlich nur die messianischen Juden gemeint sein, die das *„Zeugnis Jesu"* bereits angenommen haben. Auch der Ausdruck *„die Übrigen von ihrem Geschlecht"* weist daraufhin, dass es sich hierbei um Juden handeln muss. (Weitere Ausführungen zum Thema der „Übrigen" finden wir in Römer 9-11.)

***(12,18) Und er trat an den Strand des Meeres.***

Der Drache ruft aus dem Völkermeer ein Tier hervor, das ihm in einigen Punkten ähnelt, aber nicht völlig. Um dieses Tier geht es im nächsten Kapitel.

# Kapitel 13

## Der Antichristus (Gegenmessias)

***(13,1) Und ich sah ein Tier aus dem Meer steigen, das hatte zehn Hörner und sieben Häupter und auf seinen Hörnern zehn Kronen und auf seinen Häuptern lästerliche Namen.***

Worin gleichen sich der Drache und das Tier? Sie haben beide sieben Häupter und zehn Hörner.

***(13,2) Und das Tier, das ich sah, war gleich einem Panther und seine Füße wie Bärenfüße und sein Rachen wie ein Löwenrachen. Und der Drache gab ihm seine Kraft und seinen Thron und große Macht.***

Was unterscheidet sie?

**Drache:** Gestalt eines Drachen,
Farbe rot,
Die Häupter sind gekrönt, aber die Hörner nicht.

**Tier:** Gestalt eines Panthers,
Füße wie Bärenfüße, Rachen wie ein Löwenrachen,
Die Hörner sind gekrönt, die Häupter sind voller lästerlicher Namen.

Und wieder werden wir an eine Vision Daniels erinnert. Er sieht die Weltreiche in Gestalt von Tieren (vg. Dan 7,4-7):

Löwe = Babylon
Bär = Medo-Persien
Panther = Griechenland
Furchtbares Wesen = Rom

Das Tier, das der Drache aus dem Völkermeer herausruft, trägt Merkmale aller dieser vergangenen Weltreiche an sich. Es agiert in der Kraft Satans, sitzt auf dessen Thron und verfügt über globale Macht.

***(13,3) Und ich sah eines seiner Häupter, als wäre es tödlich verwundet, und seine tödliche Wunde wurde heil. Und die ganze Erde wunderte sich über das Tier …***

Ich denke seit Jahren, Russland könnte das letzte Haupt dieses Tieres sein. Dafür spricht die tödliche Wunde, der Zusammenbruch der Sowjetunion in den vergangenen Jahrzehnten. Auch seine Bärenfüße passen ins Bild (Russischer Bär), wie auch die Unersättlichkeit seines Machthungers, dargestellt durch den Löwenrachen. Außerdem wissen wir, dass er nach Israel ziehen wird und muss (vgl. Hes 38-39). Was noch passieren müsste, wäre die Erfüllung der folgenden Verse in diesem Kapitel.

***(13,4) … und sie beteten den Drachen an, weil er dem Tier die Macht gab, und beteten das Tier an und sprachen: Wer ist dem Tier gleich und wer kann mit ihm kämpfen?***

Was bedeutet hier in diesem Zusammenhang Anbetung? Unterordnung? Hochachtung? Verherrlichung der menschlichen Macht, die sich hier offenbart? Geben die Völker einfach auf, weil sie zu schwach sind, der Bosheit dieses Tieres standzuhalten?

Die vergangene Sowjetunion stand für die Herrschaft des Kommunismus, also des kämpferischen Atheismus, über alles „was Gott und Gottesdienst heißt“ und sie war berühmt für alle möglichen Lästerungen gegen Gott, die Gläubigen und das Christentum. Auch diese dämonische Ideologie wird sich folglich analog zur Heilung der tödlichen Wunde wieder regenerieren, falls ich mit meiner Annahme richtig liege.

Wenn die ganze Erde das Tier anbetet, bedeutet das letztlich die **Weltherrschaft für das Tier** in dem begrenzten Zeitraum von dreieinhalb Zeiten.

***(13,5) Und es wurde ihm ein Maul gegeben, zu reden große Dinge und Lästerungen, und ihm wurde Macht gegeben, es zu tun zweiundvierzig Monate lang.***

Wir werden die Entwicklung des russischen Bären unbedingt beobachten müssen. Ich schreibe diese Zeilen, während der Krieg gegen die Ukraine tobt. Was dieser „Gog von Magog“ (vgl. Hes 38/39) bis jetzt erreicht hat, ist globale Aufmerksamkeit und die Erkenntnis, dass ein Menschenleben bei ihm nichts zählt.

Für uns als Gläubige offenbart sich aber noch sehr viel mehr:

1. Das Ende des ersten Siegels: Die lange Friedensperiode zwischen den Weltmächten ist zu Ende gegangen und das *tachys* – plötzlich und unerwartet, eben wie vorhergesagt.
2. Das zweite Siegel (rotes Pferd) hat bereits begonnen. Es zeigt sich, dass zurzeit das Wettrüsten ganz neu angeheizt wird. Für viele Politiker ist das die Gelegenheit, ihre kleineren Konflikte ungestraft austragen zu können.
3. Das dritte Siegel (schwarzes Pferd) – die Hungersnot. Für viele Länder der Dritten Welt ist sie schon lange Realität.

Wir sollten auch nicht davon ausgehen, dass sich die Siegelzeiten gegenseitig ablösen, sie werden sich wahrscheinlich überlappen!

Sein verheerendes Wüten gegen seine Feinde darf dieses Tier nur für den begrenzten Zeitraum von dreieinhalb Zeiten ausüben, dann wird es durch Israel ausgelöscht. Warum durch Israel? Das haben wir in Daniel 2,44 gelesen: Israel wird die Gerichte Gottes in der letzten Zeit vollziehen! Dafür gibt es auch noch andere biblische Belege.

Jesus prophezeit für die Endzeit eine Bedrückung oder Trübsal, wie sie sich noch nie auf der Erde ereignet hat und auch in Zukunft nicht mehr kommen wird. Jesus sagt, dass kein Mensch selig werden würde, wenn diese furchtbare Zeit nicht verkürzt wird. Das scheint mir in die Periode des vierten Siegels zu passen.

***(13,6) Und es tat sein Maul auf zur Lästerung gegen Gott, zu lästern seinen Namen und sein Haus und die im Himmel wohnen.***

Die Lästerungen, von denen schon im Satz zuvor die Rede war, werden jetzt präzisiert. Das ist vermutlich die Zeit, in der das Tier seinen Fokus auf Jerusalem richtet. Wer wie ich in der ehemaligen DDR aufgewachsen ist, der hat diese Lästerungen schon damals hautnah miterlebt.

***(13,7) Und ihm wurde Macht gegeben, zu kämpfen mit den Heiligen und sie zu überwinden; und ihm wurde Macht gegeben über alle Stämme und Völker und Sprachen und Nationen***

Aus dem Blickwinkel des Buches Daniel bezeichnet das Wort „Heilige" die zu Gott gehörenden Israeliten oder modern gesprochen die Israelis. Sie werden jetzt vom Tier überwältigt:

> *Denn ich werde alle Heiden sammeln zum Kampf gegen Jerusalem. Und die Stadt wird erobert, die Häuser werden geplündert und die Frauen geschändet werden. Und die Hälfte der Stadt wird gefangen weggeführt werden, aber das übrige Volk wird nicht aus der Stadt ausgerottet werden. Und der Herr wird ausziehen und kämpfen gegen diese Heiden, wie er zu kämpfen pflegt am Tag der Schlacht. Und seine Füße werden stehen zu der Zeit auf dem Ölberg, der vor Jerusalem liegt, nach Osten hin. Und der Ölberg wird sich in der Mitte spalten, vom Osten bis zum Westen, sehr weit auseinander, sodass die eine Hälfte des Berges nach Norden und die andere nach Süden weichen wird. ... . Da wird dann kommen der Herr, mein Gott, und alle Heiligen mit ihm* (Sach 14,2-5).

Aber es gibt noch eine zweite, **globale Machtübergabe an das Tier** (siehe zweiter Satzteil!) und damit ist die Weltherrschaft des Antichristen vollzogen, die sich schon lange angekündigt hat.

Wir halten im Hinblick auf das Tier fest:

- **Zuerst:** Erlaubnis zur Verkündigung *„großer Dinge"* in Offenbarung 13,5 (Globalisierung, neue Weltordnung mit neuen „demokratischen Regeln" der Weltherrschaft und der Weltwirtschaft, Kampf gegen den Klimawandel und vieles mehr).
- **Danach:** Im selben Vers Erlaubnis zur Lästerung geistlicher Dinge, um den Weg frei zu machen für eine Welteinheitsreligion der Hure „Babylon" und Leugnung Gottes, wie wir das schon früher unter der Herrschaft des Kommunismus erlebt haben.
- **Schließlich:** Machtübernahme zuerst über Jerusalem und Israel und dann über die ganze Welt in Vers 7.

***(13,8) Und alle, die auf Erden wohnen, beten es an, deren Namen nicht vom Anfang der Welt an geschrieben stehen in dem Lebensbuch des Lammes, das geschlachtet ist.***

Jetzt haben wir ein Ziel Gottes erreicht, nämlich die deutliche Unterscheidung der gesamten Menschheit, die dann noch lebt. Um es in biblischer Sprache auszudrücken: Die Trennung des Weizens vom Unkraut.

***(13,9) Hat jemand Ohren, der höre!***

„*... was der Geist den Gemeinden sagt!*" – Das war der Standardsatz an die sieben Gemeinden im Zusammenhang mit den Verheißungen an die Überwinder. Die Situation an dieser Stelle ist etwas anders. Aber grundsätzlich geht es doch darum, inwieweit wir bereit sind das, was uns das Wort hier sagt, ernst zu nehmen:

***(13,10) Wenn jemand ins Gefängnis soll, dann wird er ins Gefängnis kommen; wenn jemand mit dem Schwert getötet werden soll, dann wird er mit dem Schwert getötet werden. Hier ist Geduld und Glaube der Heiligen!***

Ich vermute, dass Johannes hier ein Wort Jesu im Kopf hatte, das uns in Matthäus 26,52 überliefert ist: Wer das Schwert nimmt, der soll durchs Schwert umkommen.

Das Wort „Glaube" kann man auch mit „Treue" übersetzen, und dann würde der letzte Satz lauten: Hier ist das Ausharren und die Treue der Heiligen.

An dieser Stelle möchte ich auch noch auf zwei andere Verse hinweisen:

*Denn wer sein Leben erhalten will, der wird's verlieren; wer aber sein Leben verliert um meinetwillen, der wird's finden* (Mt 16,25).

*Einer trage des andern Last, so werdet ihr das Gesetz Christi erfüllen* (Gal 6,2).

Die Heiligen, die durch diese Situation hindurchmüssen und auserwählt sind für eine ungewöhnliche Bereitschaft der Hingabe, werden für ihre persönliche Vollendung genau in diesen beiden Bereichen eine ganz neue Salbung brauchen. Und sie wird sichtbar sein!

Nun tritt **der Prophet des Antichristen** auf den Plan:

***(13,11) Und ich sah ein zweites Tier aufsteigen aus der Erde; das hatte zwei Hörner wie ein Lamm und redete wie ein Drache.***

Das ist sozusagen der „Wolf im Schafspelz", oder wie wir schon gesagt haben, der falsche Prophet und Antigeist, die dritte Person der teuflischen Dreieinigkeit. Es steigt auf aus der Erde, das legt nahe, dass dieses Tier eben von unten und nicht von oben kommt, obwohl es sich als Prophet ausgibt.

***(13,12) Und es übt alle Macht des ersten Tieres aus vor seinen Augen und es macht, dass die Erde und die darauf wohnen, das erste Tier anbeten, dessen tödliche Wunde heil geworden war.***

Während die sieben Köpfe des ersten Tieres eine gewisse Parallelität zum Drachen aufweisen und aufzeigen, dass das Tier genau wie der Drache für die gesamte Zeit der Menschheitsgeschichte bereits existierte, kann man das bei diesem zweiten Tier aus der Erde nicht sagen. Auf jeden Fall verschärft es die Situation der Gläubigen extrem:

***(13,13) Und es tut große Zeichen, sodass es auch Feuer vom Himmel auf die Erde fallen lässt vor den Augen der Menschen …***

Die Art und Weise, wie das zweite Tier agiert, hat schon viele Ausleger der Apokalypse dazu gebracht, hier an die teuflische Version des Heiligen Geistes zu denken und auch ich habe dazu keine bessere Erklärung.

So könnte man bei diesem Vers von einer Ausgießung dieses teuflischen Geistes analog zu Pfingsten ausgehen, der die Menschen für eine götzendienerische Anbetung des kommenden Bildes vorbereitet, oder es könnte sich auch um eine dämonische Version des Feuerwunders bei Elia auf dem Karmelgebirge handeln.

Ich persönlich glaube, dass es sich hier um Aktionen des Antichristen durch seinen falschen Propheten gegen die zwei Zeugen handelt (vgl. Offb 11,3-13).

Jedenfalls sind wir hier an dem Punkt, wo sich offensichtlich das Wort Jesu erfüllt, das uns im Rahmen seiner Prophetie über die große Drangsalszeit sagt:

> *Denn es werden falsche Christusse und falsche Propheten aufstehen und große Zeichen und Wunder tun, sodass sie, wenn es möglich wäre, auch die Auserwählten verführten. Siehe, ich habe es euch vorausgesagt. Wenn sie also zu euch sagen werden: Siehe, er ist in der Wüste!, so geht nicht hinaus; siehe, er ist drinnen im Haus!, so glaubt es nicht. Denn wie der Blitz ausgeht vom Osten und leuchtet bis zum Westen, so wird auch das Kommen des Menschensohnes sein.* ***Wo das Aas ist, da sammeln sich die Geier*** (Mt 24,24-28).

***(13,14) … und es verführt, die auf Erden wohnen, durch die Zeichen, die zu tun vor den Augen des Tieres ihm Macht gegeben ist; und sagt***

***denen, die auf Erden wohnen, dass sie ein Bild machen sollen dem Tier, das die Wunde vom Schwert hatte und lebendig geworden war.***

Ein Abbild des Tieres, des Antichristen und Widersachers Gottes, der sich *„in den Tempel Gottes setzt und vorgibt, er sei Gott"* (2 Thess 2,4)? Und wäre das dann das *„Gräuelbild der Verwüstung"*, von dem Jesus in Matthäus 24,15 spricht? Dieses Gräuelbild leitet die große Trübsal ein.

Damit wir den Überblick behalten:

Ab Offenbarung 12,1 beginnt die Apokalypse mit einem Rückblick auf die Geschichte Israel, die parallel zu den zweitausend Jahren der Kirchengeschichte abläuft! Hier werden wir die Prophetien aus dem Buch Daniel einfügen müssen (siehe Offb 10).

Wenn wir Christus und *Antichristus* gegenüberstellen, finden sich interessante Parallelen:

| **Christus** | **Antichristus** |
|---|---|
| Tod am Kreuz | Tod durch Wunde vom Schwert am Kopf des Tieres |
| Auferstehung aus dem Grab in Jerusalem | „Auferstehung" aus dem Abgrund (Offb 11,7) |
| Wirkungsweise Jesu in Israel für etwa dreieinhalb Jahre | Zeitlich begrenzte Machtübername für dreieinhalb Zeiten (Dan 12,7 und Offb 12,14) |
| Herrschaft von Zion bzw. Jerusalem aus über die Erde (Jes 2,1-5 und Sach 8,22) | Herrschaftszeit im Tempel in Jerusalem (2 Thess 2,4 und Offb 11,1-2) |
| Vernichtung des Tieres durch den *„Hauch seines Mundes"* | Ende im Feuersee |

Das Tier ist ein Mensch und kann als solcher nicht überall zugleich sein. Eine Parallele dazu finden wir im römischen Reich. Der Kaiser herrschte über ein für damalige Verhältnisse riesiges Weltreich und deshalb konnte er niemals überall in seinem Reich präsent sein. Als Ersatz für seine reale Gegenwart gab es den Kaiserkult. Einem Bild des Kaisers musste man ein Opfer bringen und so seine Loyalität dem göttlichen Caesar gegenüber zum Ausdruck bringen, ansonsten drohten Gefängnis und Tod. Wir wissen heute aus den historischen Quellen, das viele Christen diesen Kaiserkult verweigert und lieber den Tod in Kauf genommen haben, anstatt Kompromisse einzugehen.

Dieser Brauch des Kaiserkultes hatte sein Vorbild bereits im alten Babylon (vgl. Dan 3,1 ff.) und sollte das Reich zusammenhalten, was bis zu einem gewissen Grade auch gelang. Bezüglich des Aussehens dieses Bildes kann man natürlich nur spekulieren. Angesichts der gegenwärtigen wissenschaftlich-technischen Entwicklung würde ich an eine Holographie denken:

***(13,15) Und es wurde ihm Macht gegeben, Geist zu verleihen dem Bild des Tieres, damit das Bild des Tieres reden und machen könne, dass alle, die das Bild des Tieres nicht anbeteten, getötet würden.***

Es geht also wie im römischen Reich bei der Weltherrschaft des Tieres darum, die Einheit der Menschheit auf allen Gebieten menschlicher Existenz herzustellen, demnach auch im religiösen Bereich. Das kann nur durch einen Synkretismus aller Religionen geschehen. Jeder muss sich in seinem ganz persönlichen Glauben unter dem Bild des Tieres wiederfinden können. Die Offenbarung beschreibt diese Phase der Entwicklung unter dem Bild der Hure, zu dem wir noch in Offenbarung 17 und 18 kommen werden.

Ich meine damit auch, dass die Menschheit (alle, die nicht im Buch des Lebens geschrieben stehen) diese Entwicklung als positiv und als Fortschritt empfinden wird. Genauso, wie die Globalisierung gepriesen werden wird als der einzige Weg, die Konflikte der Menschen zu lösen. War der Turmbau zu Babel nicht eine ganz ähnliche Geschichte (vgl. 1 Mose 11,1-6)?

***(13,16) Und es macht, dass sie allesamt, die Kleinen und Großen, die Reichen und Armen, die Freien und Sklaven, sich ein Zeichen machen an ihre rechte Hand oder an ihre Stirn ...***

Das ist das sogenannte Malzeichen des Tieres, eine Analogie zur Versiegelung der 144 000, die als Erstlinge den Namen Gottes und des Lammes an ihren Stirnen tragen (vgl. Offb 14,1).

Auch über dieses Zeichen des Tieres wurde schon oft spekuliert. Viele meinen heute, es könnte ein Chip sein, der unter die Haut der rechten Hand oder an der Stirn eingepflanzt wird. Aber im Blick auf die Analogie, die wir gerade angesprochen haben, sollten wir den folgenden Vers nicht aus dem Blick verlieren:

***(13,17) … und dass niemand kaufen oder verkaufen kann, wenn er nicht das Zeichen hat, nämlich den Namen des Tieres oder die Zahl seines Namens.***

Es geht also vielleicht gar nicht um einen Chip, sondern eher um ein Zeichen, das den Namen des Tieres trägt und das sich jeder auch tatsächlich selbst geben kann.

***(13,18) Hier ist Weisheit! Wer Verstand hat, der überlege die Zahl des Tieres; denn es ist die Zahl eines Menschen, und seine Zahl ist sechshundertsechsundsechzig.***

Zunächst für die, die sich in den alten Sprachen nicht auskennen: Die Buchstaben haben hier auch Zahlenbedeutung, so dass man die Zahlensumme eines Namens durch einfache Addition errechnen kann. Die Zahl 666 ist symbolisch gesehen die dreifach gesteigerte Zahl des Menschen, denn wie bereits erwähnt ist das Tier ein Mensch und es verherrlicht nicht Gott, sondern sich selbst und den Menschen beziehungsweise die Menschheit, die den Glauben an einen Gott ablehnt. Johannes selbst ist es, der in seinem Brief erklärt, dass der Antichrist den Vater und den Sohn leugnen wird (1 Joh 2,22).

So ist es gewiss kein Zufall, dass sich Jesus auch selbst als Menschensohn bezeichnet – eine bewusst gewählte Analogie und für die Juden auch ein Hinweis auf Daniel 7:

> *Und ich sah in diesem Gesicht in der Nacht, und siehe, es kam einer mit den Wolken des Himmels wie eines Menschen Sohn und gelangte zu dem, der uralt war, und wurde vor ihn gebracht. Der gab ihm Macht, Ehre und Reich, dass ihm alle Völker und Leute aus so vielen verschiedenen Sprachen dienen sollten. Seine Macht ist ewig und vergeht nicht, und sein Reich hat kein Ende* (Dan 7,13-14).

Ein Menschensohn allerdings, der nicht die eigene Kraft und Herrlichkeit in den Mittelpunkt stellt, sondern die Demut und vollkommene Unterwerfung unter den Willen seines Vaters.

Da man in den folgenden Kapiteln der Offenbarung leicht den Überblick verlieren kann, möchte ich an dieser Stelle eine Gliederung dessen vorstellen, was wir bisher besprochen haben, einschließlich dessen, was noch kommen wird:

## *Gliederung der Apokalypse*

Beginn mit Grüßen und Vorstellung des Menschensohnes

**1. Die 7 Sendschreiben** (*„Das, was ist …"*)

**2. Die 7 Siegel** („…und was geschehen soll danach")

| | |
|---|---|
| 1. Siegel (weißes Pferd) | Zeit des Friedens |
| 2. Siegel (rotes Pferd) | Zeit vieler Kriege |
| 3. Siegel (schwarzes Pferd) | Zeit der Hungersnöte |
| 4. Siegel (fahles Pferd) | Zeit des Todes (Zeit der großen Drangsal, Mt 24,15 ff.) |
| 5. Siegel | Gebetsschrei der Märtyrer |
| 6. Siegel | eschatologische Zeichen<br>Offenbarung Gottes und des Lammes,<br>**TAG DES ZORNES**<br>Engel halten die Winde,<br>Versiegelung der 144 000,<br>Entrückung der Gläubigen aus den Nationen |

Damit ist die **Vollzahl der Nationen** erreicht und ihre Gnadenzeit ist abgeschlossen (vgl. Röm 11,25-26). Das erklärt die Zäsur (eine halbe Stunde Stille) zu Beginn des letzten Siegels.

Das 7. Siegel gehört Israel und seiner Herrschaft über die Welt. Jetzt beginnen die Gerichte Gottes an den Völkern, die sich an Israel vergangen haben (vgl. u. a. Jer 31, Sach 14).

## Siebter Siegelabschnitt = Der Tag des Zornes

**Die 7 Posaunen (Atomkrieg):**

| | |
|---|---|
| 1. Posaune | 1/3 der Erde samt den Bäumen verbrennt. |
| 2. Posaune | 1/3 des Meeres wird zu Blut,<br>1/3 der Fische sterben,<br>1/3 der Schiffe gehen unter. |
| 3. Posaune | 1/3 des Süßwassers wird ungenießbar. |
| 4. Posaune | 1/3 des Sonnenlichts wird „ausgelöscht“. |
| 5. Posaune | Erstes Wehe (Giftkrieg?) |
| 6. Posaune | Zweites Wehe (Invasion der 200 Millionen) |

Vorbereitung auf die Zeit der 7. Posaune, in der der Weg für die Aufrichtung des Reiches für Israel freigemacht wird:

- Ein starker Engel schwört bei dem Schöpfergott, dass die irdische Zeit der Menschheit abgelaufen ist und legt ein geöffnetes Büchlein in die Hand des Apostels Johannes, das dieser essen soll.
- Zwei Blutzeugen und Propheten Gottes rufen 1260 Tage lang Jerusalem zur Buße.

## 7. Posaune = Drittes Wehe (umfasst alle Ereignisse bis zum Endgericht)

- Schilderung der Auseinandersetzung zwischen Israel, Satan und dem kommenden Messias
- Berufung des Antichristen und des Antigeistes samt seiner religiösen Verführung durch das lebendige Bild
- Das Lamm mit den Erstlingen auf dem Berg Zion
- Letzte Warnung vor dem kommenden Gericht durch die Botschaft der drei Engel
- Entrückung der Sieger über das Tier

**Die VOLLZAHL aus ISRAEL** ist erreicht!

## Die sieben letzten Plagen – Vollendung des Zornes Gottes

| | |
|---|---|
| 1. Plage | Erde (Geschwür an den Menschen) |
| 2. Plage | Meer (Blut, alles Leben im Meer geht zugrunde) |
| 3. Plage | Süßwasser (wird zu Blut) |
| 4. Plage | Sonne (Menschen werden versengt) |
| 5. Plage | Thron des Tieres (sein Reich wird verfinstert) |
| 6. Plage | Euphrat (Vorbereitung auf Harmagedon) |
| 7. Plage | Luft (großes Erdbeben, Babylon, großer Hagel) |

- Die große Hure „Babylon"
- Hochzeitsmahl des Lammes
- Reiter auf dem weißen Pferd
- Ende des Tieres und des falschen Propheten
- Millennium
- Letzter Kampf
- Weltgericht
- Neue Erde und neues Jerusalem

Wichtig ist, dass wir immer folgendes Grundkonzept im Auge behalten:

Die Gliederung der letzten Phase der Menschheitsgeschichte erfolgt in sieben Siegelabschnitten. Der Inhalt des siebenten Siegels sind die sieben Posaunen. Der Inhalt der siebenten Posaune wiederum sind die sieben Plagen.

# Kapitel 14

# Die Antwort Gottes auf die Apokalypse des Tieres

***(14,1) Und ich sah, und siehe, das Lamm stand auf dem Berg Zion und mit ihm hundertvierundvierzigtausend, die hatten seinen Namen und den Namen seines Vaters geschrieben auf ihrer Stirn.***

Im letzten Kapitel haben wir gelesen, dass sich die antichristliche Menschheit unter anderem den Namen des Tieres an die Stirn schreibt. Sie tragen das Siegel des Tieres im Gegensatz zu denen, die uns jetzt gezeigt werden: Die 144 000, sie tragen das Siegel Gottes und des Lammes an ihren Stirnen.

Wir finden diese zweite Gruppe in Gemeinschaft mit ihrem Erlöser auf dem Berg Zion. Diesen Berg können wir heute noch lokalisieren, es ist nicht der Tempelberg, das wäre der Berg Morija, sondern der Ort der ehemaligen Burg Davids. Schon zur Zeit Jesu wurde das Wort „Zion" viel weiter gefasst und umfasste die ganze Stadt Jerusalem. Heute sprechen wir von Zionismus und meinen damit eine Bewegung der Rückkehr der Juden nach Israel.

***(14,2) Und ich hörte eine Stimme vom Himmel wie die Stimme eines großen Wassers und wie die Stimme eines großen Donners, und die Stimme, die ich hörte, war wie von Harfenspielern, die auf ihren Harfen spielen.***

Laut, gewaltig und wunderschön! Die 144 000 singen mit **einer** Stimme (siehe folgenden Vers) – eine gewaltige Demonstration der Einheit und Quelle großer geistlicher Kraft.

***(14,3) Und sie sangen ein neues Lied vor dem Thron und vor den vier Gestalten und den Ältesten; und niemand konnte das Lied lernen außer den hundertvierundvierzigtausend, die erkauft sind von der Erde.***

Der Kaufpreis – das Blut des Lammes – wurde auf Golgatha bezahlt. Das ist der Grund dafür, dass sie das Lied der Erlösung überhaupt singen können. Dazu kommt noch die besondere Auszeichnung der Erwählung zu „Erstlingen" im folgenden Vers. Diese einzigartige Berufung haben nur sie und so singen auch nur sie ein besonderes Lied der Freude.

Es fällt auf: Sie stehen auf dem Berg Zion (der gegenwärtig, auch wenn er unbebaut wäre, keinen Platz für 144 000 Menschen bieten könnte) und sie singen **vor dem Thron**. Wie bringen wir das zusammen? Sie sind die Erstlingsgabe unseres Herrn. Deshalb meine Frage: Beschreibt dieser Textabschnitt eine Entrückung der 144 000? Oder haben sie bei ihrer Versiegelung einen Auferstehungsleib erhalten, sind aber noch auf der Erde verblieben?

Oder fragen wir noch ganz anders: Was passiert, wenn der Himmel die Erde berührt? Dann kann man noch auf der Erde stehen und doch den Allmächtigen auf dem Thron sehen und anbeten!

Verfolgen wir diesen Gedanken einmal weiter: Wenn diese Szene tatsächlich vom Berg Zion in Jerusalem ausgeht und sich wie eine Himmelsleiter zum Thron Gottes emporschwingt, dann ist das eine geistliche Machtdemonstration des Lammes in unmittelbarer Nähe zum Tempelberg, dem (Noch-)Regierungssitz des Tieres!

**Das ist der Anfang der Antwort Gottes auf die Apokalypse des Tieres: Lobpreis und Anbetung!**

***(14,4) Diese sind's, die sich mit Frauen nicht befleckt haben, denn sie sind jungfräulich; die folgen dem Lamm nach, wohin es geht. Diese sind erkauft aus den Menschen als Erstlinge für Gott und das Lamm, (14,5) und in ihrem Mund wurde kein Falsch gefunden, sie sind untadelig.***

Hier geht es um eine geistliche Aussage. Hintergrund ist das Gesetz Gottes über Ehebruch (vgl. 3 Mose 20,10). Aber die Bibel spricht nicht nur von realem Ehebruch, sondern auch von geistlichem Ehebruch, und nur darum kann es hier gehen. Die 144 000 Erstlinge sind Menschen, die sich nicht durch Götzendienst schuldig gemacht haben. Sie werden auch nicht durch Irrlehren beeinflusst und sind fähig zu einer ungetrübten Nachfolge, so wie sie auch in ihren Worten zum Ausdruck kommt.

Die 144 000 sind die Gabe der Erstlinge und somit die Erfüllung eines wichtigen biblischen Gesetzes im ersten Bund:

> *Heilige mir alle Erstgeburt bei den Israeliten; alles, was zuerst den Mutterschoß durchbricht bei Mensch und Vieh, das ist mein* (2 Mose 13,2).
>
> *Das Beste von den Erstlingen deines Feldes sollst du in das Haus deines Gottes bringen* (2 Mose 23,19).

**Darum stammen die Erstlinge auch aus dem ersten Bund und aus den zwölf Stämmen Israels!**

Nun folgt die Fortsetzung der Antwort Gottes auf die Apokalypse des Tiers: **Die Drei-Engels-Botschaft, ein letzter Ruf zur Umkehr:**

***(14,6) Und ich sah einen anderen Engel fliegen mitten durch den Himmel, der hatte ein ewiges Evangelium zu verkündigen denen, die auf Erden wohnen, allen Nationen und Stämmen und Sprachen und Völkern.***

Für mich stellt sich hier eine Frage: Gibt es einen inneren Zusammenhang zwischen dem Abschnitt über die Erstlinge und dieser Botschaft der drei Engel? Denn normalerweise verkünden Engel die Botschaft der Erlösung nicht. Warum nicht? Weil sie die Erfahrung der Erlösung nicht machen und diese darum auch nicht bezeugen können. Die 144 000 Erstlinge singen vor dem Thron ein neues Lied, dass nur sie lernen können. Kein Engel würde dazu jemals imstande sein (vgl. Offb 14,3).

Eine Frage: Wird dieser überwältigende Lobpreis der Erstlinge (laut, gewaltig und wunderschön) durch die drei Botschafter Gottes unterbrochen bzw. abgebrochen oder fliegen die Engel, getragen von dieser Anbetung, sozusagen mitten hindurch? Was denken Sie?

Die Schrift sagt, die drei Engel fliegen mitten durch den Himmel. Das heißt für mich auch, sie haben eine globale Botschaft. Wer kann sie hören? Zuerst die 144 000, denn sie sind durch die Anbetung vor dem Thron Gottes ganz besonders sensibilisiert für diese übernatürliche Vision.

Wird diese Botschaft, die über Jerusalem (Berg Zion) verkündet wird, folglich zum Thema der versiegelten Erstlinge? Wir wissen es nicht, aber man könnte es vermuten.

***(14,7) Und er sprach mit großer Stimme: Fürchtet Gott und gebt ihm die Ehre; denn die Stunde des Gerichts ist gekommen! Und betet an den, der gemacht hat Himmel und Erde und Meer und die Wasserquellen!***

Der Schöpfergott bietet ein letztes Mal den Menschen Errettung an. Voraussetzungen sind Gottesfurcht und Anbetung. **Die Stunde des Gerichts** ist gekommen, das bedeutet, das Gericht steht unmittelbar vor der Tür! Es gibt kein Verzögern mehr, die Zeit (*Chronos*) ist abgelaufen (vgl. Offb 10,6-7).

***(14,8) Und ein zweiter Engel folgte, der sprach: Sie ist gefallen, sie ist gefallen, Babylon, die große Stadt; denn sie hat mit dem Zorneswein ihrer Hurerei getränkt alle Völker.***

Hier wird Babylon als Stadt beschrieben, später jedoch in Offenbarung 17,3 als Hure, die auf dem Tier sitzt, und in Offenbarung 17,18 werden Frau und Stadt gleichgesetzt. Das darf uns nicht verwirren, denn letztlich sind es **immer Menschen** und **niemals Gebäude**, die vor ihrem Richter stehen werden.

Der Reichtum der Stadt Babylon, ihre Macht, ihr Herrschaftsanspruch, ihre religiöse Verführung, alles wird in einer Stunde (vgl. Offb 18,17) dahin sein. Ihr Untergang ist Teil des siebenten Plagengerichts (vgl. Offb 16,19). Alle, die sich von diesem letzten Weckruf angesprochen fühlen, sollten sich die Worte Gottes in Offenbarung 18,4 zu Herzen nehmen:

> *Geht hinaus aus ihr, mein Volk, dass ihr nicht teilhabt an ihren Sünden und nichts empfangt von ihren Plagen!*

Dieses Wort gilt heute schon. Nur wissen die meisten Christen nicht, wie die Schrift „Babylon" definiert und folglich auch nicht, wer damit gemeint ist. Wir werden uns in Offenbarung 17 und 18 ausführlich mit dieser Frage beschäftigen.

***(14,9) Und ein dritter Engel folgte ihnen und sprach mit großer Stimme: Wenn jemand das Tier anbetet und sein Bild und nimmt das Zeichen an seine Stirn oder an seine Hand …***

Jesus warnt, dass die Verführung in dieser Zeit so raffiniert und extrem sein wird, dass selbst die Auserwählten verführt werden würden, wenn es möglich wäre (vgl. Mt 24,24). Keiner halte sich für klug genug, die Argumente des Tieres zu durchschauen!

Man wächst schon als Kleinkind im Kindergarten mit den Lehren der Evolution und des antigöttlichen Geistes auf. Später wird in den Schulen weiter darauf gebaut, und schließlich sind es auf einmal „bewiesene Tatsachen" geworden, die man aber immer schon, ohne es zu merken, völlig unkritisch hingenommen hatte. Alle Welt glaubt daran, was sollte da falsch sein? Genau so geht es uns auch mit vielen Lehren, die Gott missachten, und ebenso „natürlich" und selbstverständlich wird wahrscheinlich auch die Verführung des Tieres sein.

***(14,10) ... der wird von dem Wein des Zornes Gottes trinken, der unvermischt eingeschenkt ist in den Kelch seines Zorns, und er wird gequält werden mit Feuer und Schwefel vor den heiligen Engeln und vor dem Lamm.***

Das Ende ist gnadenlos. Aber ein fast endlos geduldiger Gott hat gewarnt und gewarnt, bis es keinen Sinn mehr machte.

***(14,11) Und der Rauch von ihrer Qual wird aufsteigen von Ewigkeit zu Ewigkeit; und sie haben keine Ruhe Tag und Nacht, die das Tier anbeten und sein Bild und wer das Zeichen seines Namens annimmt.***

In dieser allerletzten Zeit werden die Gläubigen erfüllt sein mit dem Heiligen Geist und die Ungläubigen mit dem satanischen Geist, dem sie sich übergeben haben. Darum werden diese dämonisierten Menschen auch nicht mehr nach menschlichen Maßstäben bestraft, sondern nach den Kriterien der Ewigkeit. *„Von Ewigkeit zu Ewigkeit"*, was wörtlich heißt: *eis Aionas Aionon*. Ich würde es frei übersetzen: „während ewiger Zeitalter".

***(14,12) Hier ist Geduld der Heiligen! Hier sind, die da halten die Gebote Gottes und den Glauben an Jesus!***

Das Wort für Geduld, das hier im Griechischen benutzt wird (*Hypomone*), kann man auch mit „Standhaftigkeit" oder „Erwartung" übersetzen. Und *„die da halten"* auch mit *„die bewahren"*. So könnte dieser Satz situationsgerechter auch folgendermaßen lauten: „Hier ist die Standhaftigkeit der Heiligen! Hier sind, die da bewahren die Gebote Gottes und den Glauben an Jesus (in der antichristlichen Verfolgung)!"

***(14,13) Und ich hörte eine Stimme vom Himmel zu mir sagen: Schreibe: Selig sind die Toten, die in dem Herrn sterben von nun an. Ja, spricht der Geist, sie sollen ruhen von ihrer Mühsal; denn ihre Werke folgen ihnen nach.***

Offensichtlich spricht diese Stimme den Apostel Johannes von oben her in dem Moment an, als er die Vision der Drei-Engels-Botschaft niederschreibt.

Es scheint, als ob die Menschen, die in dieser Drangsalszeit ihr Leben dem Herrn übergeben, ihren Mut mit dem Tode bezahlen müssen. Aber das ist wohl nur für uns, die wir in westlichen Demokratien leben, erschütternd. Vergessen wir nicht die Abertausenden von Christen, die ihren Glauben an Jesus in den islamischen Ländern, aber auch in Nordkorea, in China, in Indien und in einigen afrikanischen Ländern schon mit dem Tod bezahlen mussten und noch bezahlen!

„Ja, spricht der Geist": Wir glauben an die Trinität, an einen Gott im Plural (Hebräisch: *Elohim*), also auch an die Gottheit des Geistes. Natürlich ist diese Lehre der Trinität ein **Hilfskonstrukt**, um Dinge der ewigen Welt für uns begreifbar zu machen. Wer weiß, wahrscheinlich ist bei Gott alles noch ganz anders, als wir versuchen, es uns mit unseren menschlichen Mitteln zu erklären.

***(14,14) Und ich sah, und siehe, eine weiße Wolke. Und auf der Wolke saß einer, der gleich war einem Menschensohn; der hatte eine goldene Krone auf seinem Haupt und in seiner Hand eine scharfe Sichel.***

Die Herrlichkeitswolke ist das Zeichen der Wiederkunft des Menschensohnes (vgl. Mt 24,30). Er wird kommen, um die Seinen zu sich zu holen. Diesmal wird unser Blick auf seine Krone und die Sichel gerichtet. Er ist vorbereitet auf die Einnahme seines Reiches und bereit zum Gericht und zur Vollendung des Zornes Gottes.

***(14,15) Und ein andrer Engel kam aus dem Tempel und rief dem, der auf der Wolke saß, mit großer Stimme zu: Setze deine Sichel an und ernte; denn die Zeit zu ernten ist gekommen, denn die Ernte der Erde ist reif geworden.***

Der Befehl zum Gericht kommt aus dem Tempel. Was bedeutet das? Wir hatten schon in Offenbarung 11,19 gelesen, dass der Tempel im Himmel aufgetan wurde, um die **Lade seines Bundes** sichtbar zu machen und in Offenbarung 15,5 werden wir sehen, dass die sieben Engel der Zornesschalen direkt aus dem Tempel kommen.

Schauen wir bitte noch einmal zurück auf die Gliederung. Wir sagten, mit der Entrückung aus den Nationen ist die Vollzahl für die Völker erreicht und ihre Gnadenzeit abgeschlossen. Danach wird die Verstockung beziehungsweise die Blindheit von Israel weggenommen und die Söhne Jakobs werden sich bekehren, bis auch **ihre** Vollzahl erreicht ist (vgl. Röm 9-11). Diese Erweckungs- und Vollendungszeit für Israel beginnt mit dem siebten Siegel. In diesen Zeitabschnitt werden wir auch die meisten alttestamentlichen Endzeitverheißungen einbauen müssen, die nicht in der Apokalypse erwähnt werden.

Der Tempel und besonders die Bundeslade sind Zeichen des Bundesschlusses Gottes mit Mose und dem Volk Israel am Berg Sinai. Von diesem Bund heißt es in Hebräer 8,13, dass er *„seinem Ende nahe"* ist. Aber er ist eben noch nicht **zu Ende**. Nur Gott kann einen Bund mit dem Menschen schließen oder auch aufheben, er ist der Herr des Bundes! Wenn also zu Beginn der siebenten Posaune die Bundeslade sichtbar gemacht wird, dann bedeutet das, dass sich Gott jetzt explizit seinem ersten Bundesvolk Israel zuwendet.

Die Völker, die immer noch die Nachfahren Jakobs verborgen halten, werden gezwungen sein, ihre Gräber zu öffnen. Das beschreibt uns Hesekiel in seiner Weissagung vom Totenfeld in Hesekiel 37. Ähnlich sehen wir es auch bei Jesaja, wenn es heißt:

> *Mache dich auf, werde licht; denn dein Licht kommt, und die Herrlichkeit des Herrn geht auf über dir! Denn siehe, Finsternis bedeckt das Erdreich und Dunkel die Völker; aber über dir geht auf der Herr, und seine Herrlichkeit erscheint über dir* (Jes 60,1-2).

Wenn man an die vierte Posaune denkt (1/3 des Sonnenlichts wird ausgelöscht.), so glaube ich, wird keiner mehr in Frage stellen, dass man diese Jesaja-Verse auch wörtlich nehmen kann.

***(14,16) Und der auf der Wolke saß, setzte seine Sichel an die Erde, und die Erde wurde abgeerntet.***

Dieser Vergleich der Ernte eines Getreidefeldes (Sichel) mit dem kommenden Weltende entspricht biblischen Vorgaben: Lesen Sie dazu einmal das Gleichnis Jesu vom Unkraut unter dem Weizen (vgl. Mt 13,24-30).

***(14,17) Und ein andrer Engel kam aus dem Tempel im Himmel, der hatte ein scharfes Winzermesser.***

In der Bibel wird Israel auch als Weinberg Gottes beschrieben. So finden wir zum Beispiel in Jesaja 5 das Lied vom unfruchtbaren Weinberg. Hier nun geht es um das Gericht an diesen Weinstöcken, die ohne Frucht geblieben sind (Gleichnis vom Weinstock in Johannes 15,1-8).

***(14,18) Und ein andrer Engel kam vom Altar, der hatte Macht über das Feuer und rief dem, der das scharfe Messer hatte, mit großer Stimme zu: Setze dein scharfes Winzermesser an und schneide die Trauben am Weinstock der Erde, denn seine Beeren sind reif!***

Jesus sagt im eben erwähnten Gleichnis, das die unfruchtbaren Reben am Boden vertrocknen und ins Feuer geworfen werden.

Die Tatsache, dass der Engel vom Altar kommt, auf dem das ewig gültige Opfer Jesu für alle Zeiten sichtbar ist, ist kein Nebensatz! Israel (der Weinstock) wird gemessen an der Annahme oder Ablehnung dieser heilsgeschichtlichen Tatsache.

***(14,19) Und der Engel setzte sein Winzermesser an die Erde und schnitt die Trauben am Weinstock der Erde und warf sie in die große Kelter des Zornes Gottes.***

Diese Gerichtsvisionen (Ernte des Unkrautes unter dem Weizen und das Treten der Weinkelter) beschreiben jeweils ein globales Ereignis (es geht immer um die ganze Erde), und es handelt sich dabei um die kommende Vollendung des Zornes Gottes, wie sie für die sieben Plagen im übernächsten Vers angekündigt wird. Wichtig ist, dass es sich hier noch nicht um das Endgericht an den Toten nach Offenbarung 20,11 handelt!

Das Bild von der Weinkelter ist vielen heute vielleicht nicht mehr verständlich. Es handelte sich dabei um eine in den Felsen gehauene Grube mit einem Abfluss. Die Weintrauben wurden in diese Grube geworfen und von Sklaven mit nackten Füßen zertreten.

***(14,20) Und die Kelter wurde draußen vor der Stadt getreten, und das Blut ging von der Kelter bis an die Zäume der Pferde, tausendsechshundert Stadien weit.***

Diese ins Detail gehende Beschreibung gibt mir zu denken. Es ist, als wenn Gott sagen wollte: Überprüft es bitte, wenn es geschieht! Mein Wort ist die Wahrheit!

1. *„Draußen vor der Stadt"*: Damit ist natürlich Jerusalem gemeint. Es geht hier um eine Vorschau auf Harmagedon und den Kampf um Jerusalem zwischen Christus und Antichristus im sechsten und siebenten Schalengericht.
2. *„Blut bis an die Zäume der Pferde"*: Circa 1,60 m hoch?

3. *„tausendsechshundert Stadien weit"*: Das entspricht einem Fluss von rund 300 km Länge (vielleicht Richtung Totes Meer?).

Es gibt zu diesem Wort eine wichtige Parallele bei Jesaja:

> *Wer ist der, der von Edom kommt, mit rötlichen Kleidern von Bozra, der so geschmückt ist in seinen Kleidern und einherschreitet in seiner großen Kraft? „Ich bin's, der in Gerechtigkeit redet, und bin mächtig zu helfen." Warum ist denn dein Gewand so rotfarben und dein Kleid wie das eines Keltertreters? „Ich trat die Kelter allein, und niemand unter den Völkern war mit mir. Ich habe sie gekeltert in meinem Zorn und zertreten in meinem Grimm. Da ist ihr Blut auf meine Kleider gespritzt, und ich habe mein ganzes Gewand besudelt. Denn ich hatte einen Tag der Vergeltung mir vorgenommen; das Jahr, die Meinen zu erlösen, war gekommen. Und ich sah mich um, aber da war kein Helfer, und ich verwunderte mich, dass niemand mir beistand. Da musste mein Arm mir helfen, und mein Zorn stand mir bei. Und ich habe die Völker zertreten in meinem Zorn und habe sie trunken gemacht in meinem Grimm und ihr Blut auf die Erde geschüttet."* (Jes 63,1-6).

Die Apokalypse geht mit der Drei-Engels-Botschaft und den beiden Gerichtsvisionen mit Riesenschritten ihrem Ziel entgegen: Der Aufrichtung des messianischen Reiches für Israel und der Vernichtung aller seiner Feinde.

## Kapitel 15

# Die Sieger über das Tier

***(15,1) Und ich sah ein anderes Zeichen am Himmel, das war groß und wunderbar: sieben Engel, die hatten die sieben letzten Plagen; denn mit ihnen ist vollendet der Zorn Gottes.***

Mit diesen sieben letzten Plagen ist nun auch die Zeit des Zornes an ihr Ende gekommen. Die Bosheit der Menschen, die zum Himmel geschrien hatte, ist dann gerächt und die Gerechtigkeit Gottes offenbar geworden.

***(15,2) Und ich sah, und es war wie ein gläsernes Meer, mit Feuer vermengt; und die den Sieg behalten hatten über das Tier und sein Bild und über die Zahl seines Namens, die standen an dem gläsernen Meer und hatten Gottes Harfen …***

Die Sieger und Überwinder des Tieres in der Zeit seiner antichristlichen Weltherrschaft werden den gewaltigen Abschluss des Zornes Gottes nicht mehr erleben müssen. Sie werden vorher entrückt!

Möglich ist, dass es sich hier um die Märtyrer handelt, auf die noch gewartet werden musste (vgl. fünftes Siegel und Offb 6,11).

***(15,3) … und sangen das Lied des Mose, des Knechtes Gottes, und das Lied des Lammes: Groß und wunderbar sind deine Werke, Herr, allmächtiger Gott! Gerecht und wahrhaftig sind deine Wege, du König der Völker.***

In jedem Fall werden es Juden sein (einschließlich der Nachfahren der zehn Stämme des Nordreiches!) die Jesus angenommen haben, denn sie singen auch das Lied **des Mose**.

***(15,4) Wer sollte dich, Herr, nicht fürchten und deinen Namen nicht preisen? Denn du allein bist heilig! Ja, alle Völker werden kommen und anbeten vor dir, denn deine gerechten Gerichte sind offenbar geworden.***

Darauf wartet das gläubige Israel schon so lange. So heißt es auch bei Jesaja:

> *Es wird zur letzten Zeit der Berg, da des Herrn Haus ist, fest stehen, höher als alle Berge und über alle Hügel erhaben, und alle Heiden werden herzulaufen, und viele Völker werden hingehen und sagen: Kommt, lasst uns auf den Berg des Herrn gehen, zum Hause des Gottes Jakobs, dass er uns lehre seine Wege und wir wandeln auf seinen Steigen! Denn von Zion wird Weisung ausgehen und des Herrn Wort von Jerusalem.* ***Und er wird richten unter den Heiden und zurechtweisen viele Völker.*** *Da werden sie ihre Schwerter zu Pflugscharen und ihre Spieße zu Sicheln machen. Denn es wird kein Volk wider das andere das Schwert erheben, und sie werden hinfort nicht mehr lernen, Krieg zu führen. Kommt nun, ihr vom Hause Jakob, lasst uns wandeln im Licht des Herrn!* (Jes 2,2-5).

***(15,5) Danach sah ich: Es wurde aufgetan der Tempel, die Stiftshütte im Himmel …***

Lassen Sie mich bitte an dieser Stelle noch einmal an den Anfang der siebenten Posaune erinnern (vgl. Offb 11,15-19): Sie beginnt mit einer Doxologie und im Rahmen dieser Doxologie werden all jene Ereignisse erwähnt, die auf dem Höhepunkt des Zornes Gottes zu erwarten sind. Zum Schluss heißt es, der Tempel wurde aufgetan und es geschahen Blitze und Stimmen und Donner und Erdbeben und ein großer Hagel (Vers 19).

Genau an diesem Punkt sind wir jetzt zu Beginn der sieben Plagen. Was bedeutet der offene Tempel? Was will Gott seinem Volk Israel sagen? Zunächst wird dieser Tempel noch näher beschrieben als die Stiftshütte im Himmel. Wörtlich steht hier geschrieben: „Das Zelt des Zeugnisses“. Das heißt, so armselig und bescheiden dieses Wüstenheiligtum auch gewesen sein mag, ist es doch Zeuge des Bundes mit Mose und den Söhnen Jakobs am Sinai.

Dieser Bund gerät nun in der Zeit der kommenden sieben Zornesschalen in das Rampenlicht des Handelns Gottes. Jetzt werden Endzeitverheißungen, die in der Zeit dieses Bundes gegeben wurden, erfüllt. Jetzt kämpft der Sohn Davids selbst für sein eigenes Volk!

***(15,6) … und aus dem Tempel kamen die sieben Engel, die die sieben Plagen hatten, angetan mit reinem, hellem Leinen und gegürtet um die Brust mit goldenen Gürteln.***

Wenn Jesus unser Hohepriester geworden ist nach der Ordnung Melchisedeks und ein Diener am himmlischen Heiligtum und an der wahren Stiftshütte, die Gott aufgerichtet hat (vgl. Hebr 8,1-2), dann haben wir es hier auch bei diesen sieben Engeln mit Dienern am himmlischen Heiligtum zu tun, die in ein himmlisches und sehr festliches Priestergewand gekleidet sind. Aus Leinen war auch die Kleidung der Priester, die am irdischen Heiligtum ihren Dienst verrichteten und ich glaube nicht, dass dieser Hinweis auf den Stoff ihres Gewandes nur zufällig ist. Außerdem waren sie *„um die Brust mit goldenen Gürteln gegürtet"*, eine Beschreibung, die wir auch schon in Bezug auf Jesus direkt zu Beginn der Offenbarung in Kapitel 1,13 gelesen haben.

Übrigens definiert Paulus die Aufgabe des Hohenpriesters Jesus in seinem ersten Brief an seinen Mitarbeiter Timotheus folgendermaßen:

> *Denn es ist ein Gott und ein Mittler zwischen Gott und den Menschen, nämlich der Mensch Christus Jesus, der sich selbst gegeben hat für alle zur Erlösung* (1 Tim 2,5-6).

Viele Gläubige gehen unbewusst davon aus, dass Jesus sein Menschsein wieder abgelegt hat, als er zurück zu seinem himmlischen Vater gegangen ist. Aber dem ist nicht so. Zu Beginn der Apokalypse wird er uns vorgestellt als einer, der aussah wie ein Menschensohn (nur eben in himmlischer Herrlichkeit). Jetzt in Offenbarung 15,1 ff. sehen wir ihn als Richter und Kriegsherr wieder als Menschensohn. Nur dazwischen erscheint er als Lamm, weil nur das Lamm, das geopfert wurde, allein würdig genug ist, die Siegel zu öffnen.

Und vergessen wir nicht das Wort Gottes zur Schlange nach dem Sündenfall: *„Und ich will Feindschaft setzen zwischen dir und der Frau und zwischen deinem Nachkommen und ihrem Nachkommen; der soll dir den Kopf zertreten, und du wirst ihn in die Ferse stechen"* (vgl. 1 Mose 3,15). Da sich diese Prophetie auf einen Nachkommen von Eva bezieht, weiß Satan, dass er durch einen Menschen besiegt werden wird.

***(15,7) Und eine der vier Gestalten gab den sieben Engeln sieben goldene Schalen voll vom Zorn Gottes, der da lebt von Ewigkeit zu Ewigkeit.***

Der Ort, an dem wir Gott suchen und finden können, ist das himmlische Allerheiligste, denn es gibt keinen Ort im Himmel, der heiliger wäre als der, an dem sich Gott selbst aufhält. Die vier himmlischen Wesen befinden sich in unmittelbarer Nähe Gottes und eines von ihnen übergibt die sieben Zornesschalen direkt aus dem Allerheiligsten an die Engel. Es gibt offensichtlich keine kürzere Befehlskette.

***(15,8) Und der Tempel wurde voll Rauch von der Herrlichkeit Gottes und von seiner Kraft; und niemand konnte in den Tempel gehen, bis die sieben Plagen der sieben Engel vollendet waren.***

Das Wort, das hier im Griechischen für „Rauch" benutzt wird, kann auch eine negative Bedeutung haben, also im Sinne von „Qualm". Trotzdem glaube ich, liegt es nahe, hier an die *Schechina*, die Herrlichkeitswolke Gottes zu denken; die Wolken- und Feuersäule, die Israel durch die Wüste führte, die über der Stiftshütte schwebte und bei der Einweihung des salomonischen Tempels auch damals schon das Betreten des Tempels verhindert hatte. Gottes totale Gegenwart ist nicht zu ertragen, nicht einmal für himmlische Geschöpfe.

# Kapitel 16

# Die sieben letzten Zornesschalen

***(16,1) Und ich hörte eine große Stimme aus dem Tempel, die sprach zu den sieben Engeln: Geht hin und gießt aus die sieben Schalen des Zornes Gottes auf die Erde!***

Der Befehl ist erfolgt. Jetzt kann der Zorn Gottes nicht mehr aufgehalten werden.

Ich möchte diese Stelle nutzen, um noch etwas Wichtiges anzufügen: Wir wissen den genauen Zeitpunkt (*Kairos*) dieses Ereignisses nicht. Wir kennen weder den Beginn der sieben Siegel, noch den Beginn der sieben Posaunen oder eben wie hier den Beginn der sieben Plagen. Und im Buch Daniel ist es ähnlich. Wir kennen weder den Beginn der 2300 Abende und Morgen noch den Beginn der dreieinhalb Zeiten. Allerdings gibt es Anhaltspunkte, auf die wir achten sollten, die berühmten Zeichen der Zeit:

> *Des Abends sprecht ihr: Es wird ein schöner Tag werden, denn der Himmel ist rot. Und des Morgens sprecht ihr, es wird heute ein Unwetter kommen, denn der Himmel ist rot und trübe. Über das Aussehen des Himmels könnt ihr urteilen; könnt ihr dann nicht auch über die Zeichen der Zeit urteilen?* (Mt 16,2-3).

***(16,2) Und der erste ging hin und goss seine Schale aus auf die Erde; und es entstand ein böses und schlimmes Geschwür an den Menschen, die das Zeichen des Tieres hatten und die sein Bild anbeteten.***

Krebswucherungen der schlimmsten Art sind grundsätzlich die Folgen eines Atomkrieges. Die Tatsache, dass hier nicht nur ein Drittel, sondern der größte Teil der Menschen betroffen ist, weist nur darauf hin, dass sich der anfängliche Atomschlag in einen globalen Atomkrieg entwickelt hat. Ich möchte zu diesen ersten vier Zornesschalen nochmals den Kernphysiker Philberth zitieren:

> Die schon vorne bei den Posaunenstößen beschriebenen Folgen sind diejenigen, die der Physiker und Nuklearmediziner als akute Sofortschäden kennt. Die hinten unter den zugehörigen Schalen beschriebenen Folgen sind dagegen gerade diejenigen, die man als langfristige Auswirkungen erwartet (S. 86).
>
> Gott hat in seiner unbegreiflichen Allmacht die Welt und alle ihre Mächte so geschaffen, dass alles nur Bestand auf ihn selbst hin hat und dass alles Abgefallene unausweichlich sich in sich selbst vernichtet (S. 85).

***(16,3) Und der zweite Engel goss aus seine Schale ins Meer; und es wurde zu Blut wie von einem Toten, und alle lebendigen Wesen im Meer starben.***

Das erinnert an eine der ägyptischen Plagen. Aber noch deutlicher ist der Zusammenhang zwischen den ersten vier Posaunengerichten und den ersten vier Schalengerichten. Während es zu Beginn des atomaren Erstschlages immer nur ein Drittel der Menschheit, bzw. des Wassers betroffen hatte, werden es nun **alle** sein!

***(16,4) Und der dritte Engel goss aus seine Schale in die Wasserströme und in die Wasserquellen; und sie wurden zu Blut.***

Dazu Philberth:

> Der Stoffwechsel zwischen dem Blut des Organismus und derart mit Radioisotopen verseuchtem Wasser lässt eine tödliche Strahlenbelastung erwarten (S. 88).

Jeder, der dieses Wasser trinkt, wird sterben.

***(16,5) Und ich hörte den Engel der Wasser sagen: Gerecht bist du, der du bist und der du warst, du Heiliger, dass du dieses Urteil gesprochen hast …***

Die Anklage der gottlosen Menschheit lautete seit jeher: „Wie kann Gott das zulassen – das soll ein Gott der Liebe sein?" Aber diese sogenannte Theodizee-Frage, die Frage nach der Gerechtigkeit Gottes, wird erst jetzt beantwortet werden.

***(16,6) … denn sie haben das Blut der Heiligen und der Propheten vergossen, und Blut hast du ihnen zu trinken gegeben; sie sind's wert.***

***(16,7) Und ich hörte den Altar sagen: Ja, Herr, allmächtiger Gott, deine Gerichte sind wahrhaftig und gerecht.***

Wieso lässt Gott hier den Altar reden, den Ort der Gnade, der Versöhnung und Barmherzigkeit? Weil er die Gerechtigkeit Gottes möglicherweise am besten beurteilen kann?

***(16,8) Und der vierte Engel goss aus seine Schale über die Sonne; und es wurde ihr Macht gegeben, die Menschen zu versengen mit Feuer.***

Und noch einmal Philberth:

> Äußerlich betrachtet, scheint die vierte Schale geradezu einen Gegensatz zur vierten Posaune darzustellen, bei welcher eine Verdunkelung der Sonne angekündigt worden war. Jedoch bringen nukleare Detonationen in der Atmosphäre von solchem Umfang, dass als Sofortwirkung eine merkliche Verringerung der Sonneneinstrahlung eintritt, auch große Mengen feinster Teilchen und starke Radioaktivität in die Luft. Während dabei die die Sonneneinstrahlung verringernden groben Staubteilchen sich schon verhältnismäßig bald wieder niedergeschlagen haben, verbleiben die feinen Teilchen und die Radioaktivität noch lange Zeit danach und bis in die Stratosphäre schwebend. Diese feinen Teilchen und diese Luftradioaktivität lassen für später hinaus Wetterverschiebungen und Hitzewellen erwarten (S. 89).

***(16,9) Und die Menschen wurden versengt von der großen Hitze und lästerten den Namen Gottes, der Macht hat über diese Plagen, und bekehrten sich nicht, ihm die Ehre zu geben.***

Die Menschen, die dem Tier nachfolgen und es anbeten, tragen dessen Geist in sich und können nichts anderes mehr tun, als Gott lästern und ihm fluchen. Damit bestätigen sie selbst ihre eigene Gerichtsreife.

***(16,10) Und der fünfte Engel goss aus seine Schale auf den Thron des Tieres; und sein Reich wurde verfinstert, und die Menschen zerbissen ihre Zungen vor Schmerzen ...***

Der Thron des Tieres, das ist sein Tempel in Jerusalem, der Stadt, die in Offenbarung 11,8 *„Sodom und Ägypten"* genannt wird! Auch er wird nun vom Gericht Gottes getroffen.

***(16,11) ... und lästerten Gott im Himmel wegen ihrer Schmerzen und wegen ihrer Geschwüre und bekehrten sich nicht von ihren Werken.***

Das ist das zweite Mal, dass ihre Gerichtsreife festgestellt wird. Wenn ich mit meiner Vermutung richtig liege, sind das die Menschen von Jerusalem, die sich einen eigenen Messias erwählt haben. Jesus klagte einmal:

> *Ich bin gekommen in meines Vaters Namen und ihr nehmt mich nicht an. Wenn ein anderer kommen wird in seinem eigenen Namen, den werdet ihr annehmen* (Joh 5,43).

***(16,12) Und der sechste Engel goss aus seine Schale auf den großen Strom Euphrat; und sein Wasser trocknete aus, damit der Weg bereitet würde den Königen vom Aufgang der Sonne.***

Ein Fluss wie der Euphrat scheint für die moderne Kriegsführung wohl kein Hindernis mehr zu sein. Trotzdem glaube ich, dass der Euphrat auch tatsächlich austrocknen wird und zwar auf Grund der prophezeiten Hitzewellen, die die Erde treffen werden (vgl. Offb 16,8; Jes 24,4).

Ich denke aber auch, dass eine symbolische Bedeutung nicht von der Hand zu weisen ist: Die Länder, durch die der Euphrat fließt, sind heute islamische Staaten. Sie sind zurzeit immer noch so etwas wie ein Bollwerk zwischen der asiatischen und der westlichen Welt. Erst wenn ihre religiöse, politische und wirtschaftliche Macht versiegt und ausgetrocknet ist, werden die *„Könige vom Aufgang der Sonne"* einen freien Weg nach Jerusalem haben, denn darum geht es in den folgenden Versen.

Das heißt aber auch, dass der Islam, der ebenfalls Anspruch auf Jerusalem erhebt, militärisch besiegt werden muss, und dafür gibt es im alttestamentlichen Buch Joel eine hochinteressante Prophetie, die eindeutig für die Zeit unmittelbar **vor** den eschatologischen Zeichen vorausgesagt wird. Um dieses Kapitel soll es in einem zweiten Band über alttestamentliche Endzeitprophetien gehen.

***(16,13) Und ich sah aus dem Rachen des Drachen und aus dem Rachen des Tieres und aus dem Rachen des falschen Propheten drei unreine Geister kommen, gleich Fröschen; ...***

Erst hier im sechsten Schalengericht bekommt das Landtier aus Offenbarung 13,11 einen Namen. Zur Erinnerung: Der Engel in Kapitel 10, der schwört, dass in der Zeit der siebenten Posaune keine Zeit beziehungsweise Frist (*Chronos*) mehr sein wird, sagt auch, dass dann das Geheimnis Gottes vollendet ist. Inhalt der siebenten Posaune sind die sieben Zornesschalen. Wir sind also jetzt an diesem Punkt angekommen, wo alle Geheimnisse Gottes (zusammengefasst in Christus) ihre Vollendung erreicht haben und eine Apokalypse erfahren. Deshalb ist jetzt nicht mehr geheimnisvoll vom *„Tier aus der Erde"* die Rede, sondern es wird offen und ungeschminkt *„falscher Prophet"* genannt.

Außerdem offenbart die Schrift hier auch in deutlicher Einmütigkeit eine teuflische Trinität: Drache, Tier und falscher Prophet (Antigott, Antichristus und Antigeist).

***(16,14) ... es sind Geister von Teufeln, die tun Zeichen und gehen aus zu den Königen der ganzen Welt, sie zu versammeln zum Kampf am großen Tag Gottes, des Allmächtigen.***

Aus der Sicht Gottes sind es also teuflische Froschgeister, die zu dieser Zeit die Propaganda der globalen menschlichen Medienwelt beherrschen werden. Die irdische Perspektive wird sicherlich eine ganz andere sein und sie wird diese ekligen Geister viel vorteilhafter zu beschreiben wissen.

Aber die Auserwählten wissen es besser, sie kennen dieses prophetische Wort Gottes schon jetzt! Wissen die Könige der Erde worauf sie sich einlassen? Sie werden nach Israel ziehen, in die Ebene von Megiddo, um den Willen des Herrn zu erfüllen:

> *Zur selben Zeit will ich Jerusalem machen zum Laststein für alle Völker. Alle, die ihn wegheben wollen, sollen sich daran wund reißen; denn es werden sich alle Völker auf Erden gegen Jerusalem versammeln* (Sach 12,3).
>
> *Zu der Zeit wird der Herr die Bürger Jerusalems beschirmen, und es wird zu dieser Zeit geschehen, dass der Schwache unter ihnen sein wird wie David und das Haus David wie Gott, wie der Engel des Herrn vor ihnen her* (Sach 12,8).

***(16,15) Siehe, ich komme wie ein Dieb. Selig ist, der da wacht und seine Kleider bewahrt, damit er nicht nackt gehe und man seine Blöße sehe. –***

Hier geht es um die Apokalypse Jesu in Jerusalem, von der wir in Offenbarung 19,19 erfahren werden. Das ist der Beginn das Reiches für Israel, aber noch sind wir nicht so weit.

Jedenfalls sollten die Gläubigen aus Israel und die Bürger Jerusalems wissen, dass sie von der Zeit an, wo sich die Könige der ganzen Welt gegen ihre Stadt verbünden, nur noch wenig Zeit haben, sich zu heiligen, damit sie vorbereitet sind, ihren heiligen König würdig empfangen zu können!

***(16,16) Und er versammelte sie an einen Ort, der heißt auf Hebräisch Harmagedon.***

Wer ist hier gemeint, wenn es heißt, *„er versammelte sie …"* – der Drache, das Tier, Gott oder Jesus Christus? Vers 15 spricht sicher von Jesus Christus, aber Vers 16? Ich glaube, dass es so aussehen wird, als wenn das Tier von Jerusalem aus die Regie führen wird. In Wahrheit aber ist es der allmächtige Gott, der lange vorher schon angefangen hat, diesen großen Tag des Herrn vorzubereiten.

Spätestens hier an dieser Stelle der Menschheitsgeschichte werden wir uns auch mit Hesekiel 38 und 39 auseinandersetzen müssen, diese beiden Kapitel, die den Einfall von Gog aus dem Lande Magog in Israel voraussagen.

***(16,17) Und der siebente Engel goss aus seine Schale in die Luft; und es kam eine große Stimme aus dem Tempel vom Thron, die sprach: Es ist geschehen!***

Das erinnert an das Wort Jesu am Kreuz: *„Es ist vollbracht!"* (Joh 19,30). Damals war der entscheidende erste Teil des Erlösungsplanes beziehungsweise des Geheimnisses Gottes vollendet. Jetzt ist es der zweite Teil und darum ist auch Gott selbst derjenige, der dies sagt und sagen darf.

***(16,18) Und es geschahen Blitze und Stimmen und Donner, und es geschah ein großes Erdbeben, wie es noch nicht gewesen ist, seit Menschen auf Erden sind – ein solches Erdbeben, so groß.***

Dieser Vers wiederholt, was wir bereits bei der Ankündigung der siebenten Posaune in Offenbarung 11,19 gelesen haben, es ist sozusagen seine Erfüllung (vgl. Offb 15,5).

***(16,19) Und aus der großen Stadt wurden drei Teile, und die Städte der Heiden stürzten ein. Und Babylon, der großen, wurde gedacht vor Gott, dass ihr gegeben werde der Kelch mit dem Wein seines grimmigen Zorns.***

Die (Groß-)Städte der Welt werden einstürzen? Wir sind ja schon einiges gewöhnt, aber das ist auch für uns unfassbar. Endlich ist auch der letzte Tag Babylons gekommen. In den folgenden beiden Kapiteln wird darüber ausführlich geschrieben. Selbst Jerusalem bleibt nicht verschont!

***(16,20) Und alle Inseln verschwanden, und die Berge wurden nicht mehr gefunden.***

Dieser globalen Katastrophe hat selbst Satan nichts mehr entgegenzusetzen. Eine Sache gilt es hier noch zu beachten: Ein Erdbeben ähnlicher Art wird bereits im sechsten Posaunengericht beschrieben (vgl. Offb 9,14), aber da werden Berge und Inseln „nur" von ihrem Ort wegbewegt. Hier **verschwinden** sie komplett. Dies ist eine deutliche Steigerung.

***(16,21) Und ein großer Hagel wie Zentnergewichte fiel vom Himmel auf die Menschen; und die Menschen lästerten Gott wegen der Plage des Hagels; denn diese Plage ist sehr groß.***

Sind die sieben Zornesschalen nun zu Ende? Noch nicht. Der Kampf der Völker bei Harmagedon wird das letzte Ereignis sein und darüber lesen wir erst in Offenbarung 19,19. Trotzdem wird es Zeit, dass wir uns einmal Gedanken machen über die Dauer dieser Periode.

Wenn wir richtig damit liegen, dass die ersten vier Plagen nur die Spätwirkungen der ersten vier Posaunen sind, dann kann das alles sehr schnell gehen und wie bei dem Atomerstschlag nahezu gleichzeitig erfolgen. Zwischen den Posaunen und den Plagen mag es dann eine Periode regionaler Kriege geben; ausgehend vom Antichristen, um die Welt und besonders Israel zu unterwerfen. Hier verorte ich auch die dreieinhalb Zeiten des Höhepunktes seiner Macht in Jerusalem.

Aber nicht alles werden wir heute schon wissen dürfen. Auch zu unserem Schutz bleibt uns noch vieles verborgen.

# Kapitel 17

# Das Gericht an der Hure „Babylon"

Wir sollten uns an dieser Stelle fragen: Warum beschäftigen sich zwei ganze Kapitel mit dem Untergang Babylons? Hat Babylon denn wirklich so viel Bedeutung und Gewicht bei Gott? Das hieße dann im Umkehrschluss auch, dass wir dieses Thema vielleicht viel ernster nehmen sollten, als wir das bis jetzt tun?

***(17,1) Und es kam einer von den sieben Engeln, die die sieben Schalen hatten, redete mit mir und sprach: Komm, ich will dir zeigen das Gericht über die große Hure, die an vielen Wassern sitzt ...***

Einer der sieben Schalen-Engel klärt Johannes auf. Das heißt, dieses Gericht ist tatsächlich Thema und Ereignis dieser letzten Zornesperiode Gottes. Vielleicht der siebente Engel, denn Babylon ist ein Thema des siebenten Schalengerichtes.

Die Hure sitzt *„an vielen Wassern"*, gemeint sind viele Völker, also geht es auch wieder um ein globales Thema. Wir hatten in Offenbarung 13,5 schon festgestellt, dass die großen Themen des endzeitlichen Antichristen beziehungsweise des Gegenmessias weltpolitische Maßnahmen einer neuen Weltordnung sein werden, um die Globalisierung voranzutreiben (neue Regeln der Weltherrschaft und der Weltwirtschaft, Kampf gegen den Klimawandel, Umsetzung einer komplexen Digitalisierung und vieles mehr).

Alle Entscheidungen in dieser Richtung werden damit begründet werden, dass die einzelnen Nationen auf den gleichen Entwicklungsstand zu führen sind und dafür braucht es die Hilfe der Hure.

***(17,2) … mit der die Könige auf Erden Hurerei getrieben haben; und die auf Erden wohnen sind betrunken geworden von dem Wein ihrer Hurerei.***

Der Begriff der (geistlichen) Hurerei ist vielen Bibelkennern geläufig, trotzdem möchte ich noch einmal betonen, dass wir es hier mit prophetischer Bildersprache zu tun haben. Etwas moderner formuliert, würden wir heute sagen, dass es um religiösen Synkretismus geht, eine endzeitliche globale Einheitsreligion, die alle Religionen zusammenbindet: Judentum, Christentum, Islam, Hinduismus, Buddhismus, Naturreligionen und so weiter.

Dies zu erreichen, wird die Aufgabe des falschen Propheten sein! Der Drache weiß, dass er wenig Zeit hat. Also wird er in diesem Bereich nicht auf Überzeugungsarbeit setzen, sondern auf Machtpolitik. Wer widersteht, muss sterben und das werden die geisterfüllten Nachfolger Jesu sein (vgl. Offb 13,7).

***(17,3) Und er brachte mich im Geist in die Wüste. Und ich sah eine Frau auf einem scharlachroten Tier sitzen, das war voll lästerlicher Namen und hatte sieben Häupter und zehn Hörner.***

Die Frau, die jetzt beschrieben wird, ist das Gegenbild zur Frau in Kapitel 12, die das Volk Gottes aus Israel abbildet. Sie lässt sich von einem Tier tragen, das die Farbe des Drachen hat und ihm auch sonst sehr ähnlichsieht – der antigöttlichen Weltmacht, die nur so strotzt vor gottfeindlichen Äußerungen.

***(17,4) Und die Frau war bekleidet mit Purpur und Scharlach und geschmückt mit Gold und Edelsteinen und Perlen und hatte einen goldenen Becher in der Hand, voll von Gräuel und Unreinheit ihrer Hurerei …***

Beide Frauen sind geschmückt. Die eine mit himmlischem Reichtum, die andere mit irdischen Kostbarkeiten, so wie sie Könige zu tragen pflegten. Besonders wichtig: Der Becher mit dem Gift ihrer Verführung.

***(17,5) … und auf ihrer Stirn war geschrieben ein Name, ein Geheimnis: Das große Babylon, die Mutter der Hurerei und aller Gräuel auf Erden.***

Wir hatten ganz zu Anfang davon gesprochen, wie prophetische Bildersprache zu bewerten ist – wie ein geistlicher Code. Dieser ist ein verborgenes „Geheimnis", das erst im Laufe seiner Entwicklung nach und nach seine wahre Gestalt zu erkennen gibt. Jetzt befinden wir uns am Ende der von Satan beherrschten Menschheitsgeschichte und das bedeutet auch die Vollendung der gottfeindlichen Entwicklungen.

> *Denn wir haben nicht mit Fleisch und Blut zu kämpfen, sondern mit Mächtigen und Gewaltigen, nämlich mit den Herren der Welt, die in dieser Finsternis herrschen, mit den bösen Geistern unter dem Himmel* (Eph 6,12).

Alles das, was abweicht von der göttlichen Richtlinie, kommt aus der Quelle „Babylon" und führt am Ende zu Synkretismus und unter den Fluch des Allmächtigen.

Gott gibt dieser Hure einen Namen, den jeder Bibelleser kennt und stellt damit ihre Gerichtsreife fest: Babylon! Diese Hure ist von Anfang an und überall auf der Welt zu finden. Sie verkörpert **alle** Gräuel auf Erden. Unter den Begriffen „Frevel" und „Gräuel" verstehen wir im Allgemeinen die absolute Steigerung von Sünde!

***(17,6) Und ich sah die Frau, betrunken von dem Blut der Heiligen und von dem Blut der Zeugen Jesu. Und ich wunderte mich sehr, als ich sie sah.***

Da es sich um die Darstellung eines unglaublichen Phänomens der Verführung und Verfolgung handelt und Gültigkeit hat für alle Zeitalter und Epochen der Geschichte, ist es auch kein Zufall, wenn hier im Text zwischen *„Heiligen"* und *„Zeugen Jesu"* unterschieden wird. Heilige sind folglich die Gläubigen des ersten Bundes, die Jesus noch nicht kennen konnten und bis heute noch nicht kennen.

Kann Blut betrunken machen? Wundert sich deshalb Johannes?

Ist es etwa die Begeisterung über ihren „Erfolg"? Betrunkene verlieren jeden Bezug zur Realität und das ist hier sicher gemeint!

***(17,7) Und der Engel sprach zu mir: Warum wunderst du dich? Ich will dir sagen das Geheimnis der Frau und des Tieres, das sie trägt und sieben Häupter und zehn Hörner hat.***

Manchmal hilft es, wenn man einen anderen Begriff einsetzt, um den Blickwinkel etwas zu verändern. Die griechische Sprache benutzt hier das Wort *Mysterion*. Der Engel sagt eigentlich: Ich möchte dir das Geheimnisvolle der Verbindung von Frau und Tier erklären!

***(17,8) Das Tier, das du gesehen hast, ist gewesen und ist jetzt nicht und wird wieder aufsteigen aus dem Abgrund und wird in die Verdammnis***

***fahren. Und es werden sich wundern, die auf Erden wohnen, deren Namen nicht geschrieben stehen im Buch des Lebens vom Anfang der Welt an, wenn sie das Tier sehen, dass es gewesen ist und jetzt nicht ist und wieder sein wird.***

Die sieben Köpfe des Tieres lassen erahnen, dass seine Existenz einen viel größeren Rahmen der Menschheitsgeschichte umfasst, da die Köpfe für verschiedene Reiche stehen.

Auffallend ist die Parallele zu Jesus, der war, der nicht ist und der wieder kommen wird. Offensichtlich haben wir es hier wieder mit dem Antichristus zu tun, der aus dem Abgrund (*Abyssos*) aufsteigen wird (vgl. Offb 11,7). Er wird 42 Monate lang seinen teuflischen Auftrag in Jerusalem erfüllen und dann von Jesus mit dem Hauch seines Mundes vernichtet werden.

Das ist kein Widerspruch zu dem, was wir bisher gesagt haben. Es gibt von Anfang an ein sogenanntes Antichristentum, eine Geistesmacht, die schon viele Vorläufer des endzeitlichen Antichristen hervorgebracht hat. Erst zum Schluss der Menschheitsgeschichte wird eine Einzelperson aus dem Abgrund aufsteigen, der Mensch der Bosheit, der Sohn des Verderbens (2 Thess 2,3), der dieser gesamten Entwicklung ein Gesicht und einen Abschluss gibt. Dies steht in Einklang mit dem, was Johannes in seinem ersten Brief schreibt: *„Wie ihr gehört habt, dass der Antichrist kommt, so sind nun schon viele Antichristen gekommen"* (1 Joh 2,18).

***(17,9) Hier ist der Sinn, zu dem Weisheit gehört! Die sieben Häupter sind sieben Berge, auf denen die Frau sitzt, und es sind sieben Könige.***

Ich möchte an dieser Stelle noch einmal an ein Wort des Apostels Petrus erinnern:

> *Und das sollt ihr vor allem wissen, dass keine Weissagung in der Schrift eine Sache eigener Auslegung ist. Denn es ist noch nie eine Weissagung aus menschlichem Willen hervorgebracht worden, sondern getrieben von dem Heiligen Geist haben Menschen im Namen Gottes geredet* (2 Petr 1,20-21).

Hier sind also nicht menschliche Intelligenz oder Bildung beziehungsweise historisches Wissen gefragt, sondern göttliche Weisheit durch Offenbarung. Deutlich wird aber schon, dass es um Zusammenarbeit und

Unterstützung der Hure Babylon durch die antichristliche Weltordnung geht. Wenn wir so weit sind, werden wir es genauer wissen.

***(17,10) Fünf sind gefallen, einer ist da, der andere ist noch nicht gekommen; und wenn er kommt, muss er eine kleine Zeit bleiben.***
***(17,11) Und das Tier, das gewesen ist und jetzt nicht ist, das ist der achte und ist einer von den sieben und fährt in die Verdammnis.***

Diese beiden Verse machen meines Erachtens Folgendes deutlich: Das letzte Haupt des Tieres, auf dem „Babylon" reitet, ist das letzte, das antichristliche Weltreich. Es wird dreieinhalb Jahre herrschen (eine kleine Zeit) und danach in die Verdammnis fahren. Diese Verse laden zum Spekulieren ein, worauf ich mich aber nicht einlassen möchte.

Trotzdem an dieser Stelle vielleicht noch eine wichtige Überlegung: Wenn wir davon ausgehen, dass das Tier, das die Hure trägt, identisch ist mit dem Meerestier in Offenbarung 13, **dann wird es immer an seinem Judenhass zu erkennen sein** und zwar durch alle Zeitalter hindurch.

***(17,12) Und die zehn Hörner, die du gesehen hast, das sind zehn Könige, die ihr Reich noch nicht empfangen haben; aber wie Könige werden sie für eine Stunde Macht empfangen zusammen mit dem Tier.***

Ein Bündnis von zehn Herrschern wird sich zusammen mit dem Antichristen die Welt aufteilen, aber nur kurze Zeit an der Macht bleiben (dreieinhalb Jahre oder 42 Monate). Mit anderen Worten: Wenn das Tier auf der Weltbühne in Erscheinung tritt, dann werden auch die zehn Könige zu erkennen sein.

***(17,13) Diese sind eines Sinnes und geben ihre Kraft und Macht dem Tier.***

Die Globalisierung scheint zu gelingen: Diese Könige und das Tier werden eine gemeinsame **Ideologie** (*„eines Sinnes"*) haben, die **wirtschaftlichen** und **wissenschaftlichen Leistungen** aller dieser Völker (*„ihre Kraft"*, hier wörtlich *Dynamis*) zusammenführen und alle ihre **militärischen Ressourcen** (*„ihre Macht"*, hier *Exousia*) vereinigen.

***(17,14) Die werden gegen das Lamm kämpfen, und das Lamm wird sie überwinden, denn es ist der Herr aller Herren und der König aller Könige, und die mit ihm sind, sind die Berufenen und Auserwählten und Gläubigen.***

Jesus kommt zurück, aber nicht wie damals in Niedrigkeit aus Bethlehem, sondern in Herrlichkeit als Herr aller Herren. Und er kommt nach Jerusalem, nicht mit einem Engelsheer, sondern mit den Erlösten und entrückten Gläubigen, die er zuvor zu sich geholt hatte! Was für eine Zeit! Endlich ist es soweit. Wir haben am längsten gewartet!

> *Und dies wird die Plage sein, mit der der Herr alle Völker schlagen wird, die gegen Jerusalem in den Kampf gezogen sind: Ihr Fleisch wird verwesen, während sie noch auf ihren Füßen stehen, und ihre Augen werden in ihren Höhlen verwesen und ihre Zungen im Mund. Zu der Zeit wird der Herr eine große Verwirrung unter ihnen anrichten, sodass einer den anderen bei der Hand packen und seine Hand wider des anderen Hand erheben wird ...* (Sach 14,12-13).

Jesus klagte einmal in Bezug auf Israel, dass viele berufen, aber nur wenige auserwählt seien (vgl. Mt 22,14). In der letzten Zeit wird die Situation besser aussehen, sodass viele Gläubige aus Israel als Berufene und Auserwählte ihm folgen werden!

***(17,15) Und er sprach zu mir: Die Wasser, die du gesehen hast, an denen die Hure sitzt, sind Völker und Scharen und Nationen und Sprachen.***

Wir erinnern uns an Offenbarung 13,1: Das Tier wird vom Drachen aus dem (Völker-)Meer herausgerufen. Hier haben wir es mit der gleichen Aussage zu tun, diesmal allerdings auch in Bezug auf „Babylon".

***(17,16) Und die zehn Hörner, die du gesehen hast, und das Tier, die werden die Hure hassen und werden sie ausplündern und entblößen und werden ihr Fleisch essen und werden sie mit Feuer verbrennen.***

Das politische Bündnis der letzten Tage wird die religiöse Macht in fünf Stufen ausschalten und das von Gott vorgesehene Gericht (vgl. 17,1) an „Babylon" vollziehen:

1. Hass
2. Beraubung
3. Enteignung
4. Verbot und Auflösung von Organisationen
5. Vernichtung

Das ist sicherlich eine unerwartete Entwicklung, aber doch ein bekanntes Muster göttlichen Gerichtshandelns: Die Bündnisse der Feinde Gottes zerfallen, sodass sie sich schließlich gegenseitig umbringen. Das ist der Lohn der Hure und es wird für sie eine erschreckende Wandlung der ehemaligen Partner (Tier und 10 Könige) und eine plötzliche Vernichtung sein (vgl. Offb 18,8).

***(17,17) Denn Gott hat's ihnen in ihr Herz gegeben, nach seinem Sinn zu handeln und eines Sinnes zu werden und ihr Reich dem Tier zu geben, bis vollendet werden die Worte Gottes.***

In Sprüche 21,1 heißt es: *„Des Königs Herz ist in der Hand des Herrn wie Wasserbäche; er lenkt es, wohin er will."* Darf ich einmal ganz provokativ fragen: Gibt es überhaupt einen freien Willen? Wenn man sich dieses letzte Buch der Bibel anschaut, so haben wir den freien Willen zur Umkehr, zur Buße. Wo man aber nicht umkehrt, bleibt man unter dem Gesetz der Sünde und des Todes bis ans Ende, bis zur Selbstvernichtung und dafür gibt es eben keinen freien Willen (vgl. Röm 6,23).

***(17,18) Und die Frau, die du gesehen hast, ist die große Stadt, die die Herrschaft hat über die Könige auf Erden.***

Das ist die Überleitung zum folgenden Kapitel und ich frage mich, ob die Vorstellung Babylons als Stadt nicht bedeuten könnte, dass diese alten Ruinen nicht doch noch eine Rolle spielen. Zwar geht es im folgenden Kapitel im Thema weiter, aber doch wird eine Zäsur gesetzt durch einen neuen und starken Engel.

## Kapitel 18

# Der Untergang Babylons

***(18,1) Danach sah ich einen andern Engel herniederfahren vom Himmel, der hatte große Macht, und die Erde wurde erleuchtet von seinem Glanz.***

Das übernatürliche Eingreifen Gottes wird jetzt auf der Erde spürbar, sie gerät unter den direkten Einfluss göttlicher Gegenwart.

***(18,2) Und er rief mit mächtiger Stimme: Sie ist gefallen, sie ist gefallen, Babylon, die große, und ist eine Behausung der Teufel geworden und ein Gefängnis aller unreinen Geister und ein Gefängnis aller unreinen Vögel und ein Gefängnis aller unreinen und verhassten Tiere.***

***(18,3) Denn von dem Zorneswein ihrer Hurerei haben alle Völker getrunken, und die Könige auf Erden haben mit ihr Hurerei getrieben, und die Kaufleute auf Erden sind reich geworden von ihrer großen Üppigkeit.***

1. Gefallen vom Tier: Erinnern wir uns, der falsche Prophet installierte mit Hilfe eines (Götzen-)Bildes eine globale und einheitliche Anbetung des Antichristen, zu der jeder bei Androhung der Todesstrafe verpflichtet war. Diese „Zusammenarbeit" wird jetzt vom Tier beendet.
2. Behausung der Teufel: Wie sich das in unserer sichtbaren Realität auswirken wird, wissen wir noch nicht. Denkbar wäre eine deutliche Zunahme von Hass, Brutalität, Mord, Okkultismus, Spiritismus und vielem mehr.
3. Gefängnis aller unreinen Geschöpfe: Die weltweite Verführung Babylons hat nun zwar ihren machtpolitischen Schutz verloren, ist aber doch noch sehr präsent.

Satans Ziel, die **Menschheit zu verunreinigen**, sodass sie sich Gott nicht mehr zuwenden kann, ist für die **antichristliche Weltbevölkerung** erreicht. Hier kann Gott nichts Gutes mehr finden, die Gerichtsreife ist eindeutig.

***(18,4) Und ich hörte eine andere Stimme vom Himmel, die sprach: Geht hinaus aus ihr, mein Volk, dass ihr nicht teilhabt an ihren Sünden und nichts empfangt von ihren Plagen!***
***(18,5) Denn ihre Sünden reichen bis an den Himmel und Gott denkt an ihren Frevel.***

**Das Volk Gottes ist also noch in Babylon!**

Nach meiner Sicht der Endzeitereignisse geht es hier nur noch um die Nachfahren Jakobs, das heißt um die Juden und die restlichen Stämme Israels, die zu einer Menge von Völkern geworden sind (1 Mose 48,19) oder die ihre Identität vergessen haben beziehungsweise freiwillig immer noch in den „Gräbern" der Völker verborgen sind. Sie werden jetzt aufgerufen, Babylon zu verlassen (denn die ganze Welt ist Babylon), um heimzukehren in ihr Land nach Israel:

> *Ist nicht Ephraim mein teurer Sohn und mein liebes Kind? Denn sooft ich ihm auch drohe, muss ich doch seiner gedenken; darum bricht mir mein Herz, dass ich mich seiner erbarmen muss, spricht der Herr. Richte dir Wegzeichen auf, setze dir Steinmale und richte deinen Sinn auf die Straße, auf der du gezogen bist! Kehr zurück, Jungfrau Israel, kehr zurück zu diesen deinen Städten! Wie lange willst du in der Irre gehen, du abtrünnige Tochter? Denn der Herr wird ein Neues im Lande schaffen: Die Frau wird den Mann umgeben* (Jer 31, 20-22).

> *Siehe, es kommt die Zeit, spricht der Herr, da will ich mit dem Hause Israel und mit dem Hause Juda einen neuen Bund schließen, nicht wie der Bund gewesen ist, den ich mit ihren Vätern schloss ...* (Jer 31, 31).

Das Verlassen Babylons gilt sicherlich nicht nur für die Gläubigen der allerletzten Tage. Es ist auch eine Botschaft für uns heute. Der Geist Babylons existierte von Anfang an und entwickelte einen ersten Höhepunkt unter Nebukadnezar, dem König von Babel. Dieser zwang die Bewohner seines Reiches, zu denen zu dieser Zeit auch die im Exil befindlichen Juden gehörten, zur Anbetung seines Götzenbildes in der Ebene von Dura. In Daniel 3 lesen wir, wie sich die drei Freunde Daniels, Schadrach, Meschach und Abed-Nego, weigern, dieses Bild anzubeten.

Der gleiche König hatte zuvor das Land Israel erobert und die Juden in die Sklaverei getrieben. Babylon war eine religiöse Stadt. Es gab dort sehr viele Tempel für die unterschiedlichsten Götter der damaligen Zeit. Nur für den wahren Gott, den Gott Israels, gab es in diesem fremden Land keine Anbetungsstätte. Das heißt, wer nach Babylon in die Verbannung geführt wurde wusste, dass es für ihn keinen Versöhnungsdienst durch die Priester mehr geben konnte, denn der Tempel war zerstört.

Die tiefere geistliche Bedeutung dieser damaligen Ereignisse ist, das Babylon unter den Christen der Gegenwart dort zu finden ist, wo das Kreuz von Golgatha keine Rolle mehr spielt. Wo Gläubige inmitten des Heidentums leben und in ihren Kirchen zum Unglauben erzogen werden.

Ich weiß, wovon ich spreche! Als ich noch ein junger und unerfahrener Pastor war, sagte mir einmal ein älterer Pfarrer der evangelischen Kirche: „Der Teufel ist bei mir schon vor Gott gestorben." Jahre später besuchte ich an Heiligabend zum bestbesuchten Gottesdienst des Jahres eine andere evangelische Kirche. Dort feierte man die Geburt eines Kindes. Stutzig wurde ich allerdings, als ich feststellen musste, dass während des gesamten Gottesdienstes nicht **ein einziges Mal** der Name Jesus erwähnt, geschweige denn ein Hinweis darauf gegeben wurde, dass dieses Kind Jesus ist, unser Retter, der vor zweitausend Jahren von Gott in diese Welt gesandt wurde.

Sehr viele Pastoren vertreten heute eine neurationalistische Theologie, die kaum noch etwas mit der eigentlichen biblischen Lehre zu tun hat. Sogenannte moderne Theologen verfälschen die Schrift, indem sie alte Verkündigungsbegriffe mit neuem Inhalt füllen. Sie glauben nicht mehr an den Schöpfergott, sondern an die Evolution. Sie glauben nicht mehr an biblische Prophetie. Sie gebrauchen zwar noch biblische Verkündigungsbegriffe, füllen sie aber mit neuen, ethischen Inhalten. So zum Beispiel den Begriff der Auferstehung. Wenn sie dieses Wort benutzen, meinen sie die „Auferstehung des Wortes" in unseren Herzen. Und dafür gibt es noch viele, viele andere Beispiele. Das ist eine perfide Verfälschung des Evangeliums, die schwer zu durchschauen ist. Ihre Textkritik ist eine reine Botschaft der Gottlosigkeit. Sie schwimmen mit dem Zeitgeist. Hurerei gibt es nicht mehr, sondern nur noch „andere sexuelle Veranlagungen". Pfarrer, die Homosexuelle nicht trauen wollen, müssen damit rechnen, entlassen zu werden.

Der Geist Babylons beherrscht schon lange unsere Kirchen! Wer sich entschließt, Theologie zu studieren wird damit rechnen müssen, an der Universität seinen Glauben zu verlieren. Die heutigen gottlosen Pfarrer haben ihre Kirchen leergepredigt. Besuchen Sie doch einmal eine beliebige Kirche an einem ganz normalen Sonntag! Sollte Gott darüber nicht wütend sein? Er hat sein eigenes Volk Israel nicht verschont und in die Verbannung geführt, warum sollte er uns, die Heidenchristen, verschonen?

> *Wenn aber nun einige von den Zweigen ausgebrochen wurden und du, der du ein wilder Ölzweig warst, in den Ölbaum eingepfropft worden bist und teilbekommen hast an der Wurzel und dem Saft des Ölbaums, so rühme dich nicht gegenüber den Zweigen. Rühmst du dich aber, so sollst du wissen, dass nicht du die Wurzel trägst, sondern die Wurzel trägt dich. Nun sprichst du: Die Zweige sind ausgebrochen, damit ich eingepfropft würde. Ganz recht! Sie wurden ausgebrochen um ihres Unglaubens willen; du aber stehst fest durch den Glauben. Sei nicht stolz, sondern fürchte dich! Hat Gott die natürlichen Zweige nicht verschont, wird er dich doch wohl auch nicht verschonen* (Röm 11,17-21).

In Berlin wird seit Mai 2021 ein Gotteshaus für alle drei monotheistischen Weltreligionen gebaut, das sogenannte „House of One" (geplante Bausumme: 43,5 Millionen Euro). So weit sind wir schon auf dem Weg zur Einheitsreligion gekommen!

**Prüfen** Sie die Geister und **verlassen Sie Babylon heute noch**! Wer den Ernst der Lage nicht versteht, wird mit der folgenden Botschaft Gottes nichts anzufangen wissen:

***(18,6) Bezahlt ihr, wie sie bezahlt hat, und gebt ihr zweifach zurück nach ihren Werken! Und in den Kelch, in den sie euch eingeschenkt hat, schenkt ihr zweifach ein!***

Wieso ist Gott so gnadenlos hart? Sind das nicht nur arme und verirrte Seelen? Ja, vielleicht, aber das Gift der Verführung Babylons wirkt seit Jahrtausenden. Irgendwann muss Schluss sein.

Wir vergessen an diesem Punkt (der aus heutiger Sicht noch Zukunft ist) vielleicht auch, dass die Gnadenzeit für Babylon mit der Entrückung der unzählbaren Schar abgelaufen ist. Wir befinden uns im siebenten Siegel und das ist nach Offenbarung 6,17 der große Tag seines Zornes!

Erinnert Sie diese Aufforderung Gottes nicht auch an den Schluss des Buches Esther und an das Gericht, das die Juden im Perserreich damals an Haman und den Antisemiten dort vollzogen haben? Der Tag der geplanten Vernichtung der Juden im Medo-Persischen Weltreich rückte immer näher und ihre Angst stieg ins Unermessliche. Da änderte sich plötzlich die Situation und die Juden bekamen vom König Ahasveros die Erlaubnis, sich zu verteidigen (vgl. Esther 8,11-12 und 9,2-16).

Ich glaube, dass man dieses Ereignis als prophetische Vorschattung auf das endzeitliche Gericht an der Hure verstehen darf. Es wird von Menschen vollzogen, den Gläubigen aus den Stämmen Israels.

***(18,7) Wieviel Herrlichkeit und Üppigkeit sie gehabt hat, soviel Leid und Qual schenkt ihr ein! Denn sie spricht in ihrem Herzen: Ich throne hier und bin eine Königin und bin keine Witwe, und Leid werde ich nicht sehen.***

Diese Selbstsicherheit wird plötzlich zerstört werden:

***(18,8) Darum werden ihre Plagen an einem Tag kommen, Tod, Leid und Hunger, und mit Feuer wird sie verbrannt werden; denn stark ist Gott der Herr, der sie richtet.***

Sie wird merken, dass sie es mit dem lebendigen Gott zu tun hat, und zugleich feststellen, dass es zu spät für sie ist.

***(18,9) Und es werden sie beweinen und beklagen die Könige auf Erden, die mit ihr gehurt und geprasst haben, wenn sie sehen werden den Rauch von ihrem Brand, in dem sie verbrennt.***
***(18,10) Sie werden fernab stehen aus Furcht vor ihrer Qual und sprechen: Weh, weh, du große Stadt Babylon, du starke Stadt, in einer Stunde ist dein Gericht gekommen.***

Im Altertum gab es aus biblischer Sicht diese Pole: Jerusalem und Babylon. Es wäre schon denkbar, dass, wenn Jerusalem vom Antichristen besetzt wird, auch die Stadt Babylon wieder aufersteht und sich zu einer Stadt der religiösen Bündnisse zwischen der östlichen und der westlichen Welt entwickelt. Aber noch sehen wir davon nichts, und werden folglich warten müssen.

Wenn es hier heißt, dass die Könige *„fernab stehen"*, dann könnte man auch an eine Naturkatastrophe denken, die groß genug ist, um eine ganze Stadt zu vernichten. Im Zusammenhang mit der siebenten Zornesschale wird von einem Erdbeben berichtet, das die Städte der Heiden einstürzen lässt (vgl. Offb 16,19) und im gleichen Kontext wird dann auch Babylon erwähnt. Wenn Babylon wirklich am gleichen Ort wieder aufgebaut werden würde, wo es einst stand, dann würde es tatsächlich in einem Epizentrum für Erdbeben liegen.

***(18,11) Und die Kaufleute auf Erden werden weinen und Leid tragen um sie, weil ihre Ware niemand mehr kaufen wird: ...***

Babylon ist in dieser letzten Zeit offensichtlich auch zu einem Knotenpunkt des globalen Welthandels geworden. Diese Lebensader ist nun unerwartet zusammengebrochen.

***(18,12) Gold und Silber und Edelsteine und Perlen und feines Leinen und Purpur und Seide und Scharlach und allerlei wohlriechende Hölzer und allerlei Gerät aus Elfenbein und allerlei Gerät aus kostbarem Holz und Erz und Eisen und Marmor***
***(18,13) und Zimt und Balsam und Räucherwerk und Myrrhe und Weihrauch und Wein und Öl und feinstes Mehl und Weizen und Vieh und Schafe und Pferde und Wagen und Leiber und Seelen von Menschen.***
***(18,14) Und das Obst, an dem deine Seele Lust hatte, ist dahin; und alles, was glänzend und herrlich war, ist für dich verloren und man wird es nicht mehr finden.***
***(18,15) Die Kaufleute, die durch diesen Handel mit ihr reich geworden sind, werden fernab stehen aus Furcht vor ihrer Qual, werden weinen und klagen:***
***(18,16) Weh, weh, du große Stadt, die bekleidet war mit feinem Leinen und Purpur und Scharlach und geschmückt war mit Gold und Edelsteinen und Perlen,***
***(18,17) denn in einer Stunde ist verwüstet solcher Reichtum! Und alle Schiffsherren und alle Steuerleute und die Seefahrer und die auf dem Meer arbeiten, standen fernab ...***

In diesem Abschnitt wird mehrfach zum einen der Überraschungseffekt der Katastrophe und zum anderen die unerwartete Schnelligkeit der Vernichtung betont. Zweimal wird von Brand gesprochen. Vielleicht geht es hier doch nicht nur um das Mega-Erdbeben der siebenten Zornesschale, sondern auch um einen Atomschlag?

Jedenfalls wird hier ein Strafgericht beschrieben, das insgesamt etwas Geheimnisvolles an sich hat, denn schließlich sind auch die Gläubigen daran beteiligt und dazu aufgerufen, Babylon doppelt zu strafen.

***(18,18) … und schrien, als sie den Rauch von ihrem Brand sahen: Wer ist der großen Stadt gleich?***
***(18,19) Und sie warfen Staub auf ihre Häupter und schrien, weinten und klagten: Weh, weh, du große Stadt, von deren Überfluss reich geworden sind alle, die Schiffe auf dem Meer hatten; denn in einer Stunde ist sie verwüstet!***

Diese Trauergesellschaft ist schon ein seltener Anblick: Könige, Kaufleute und Schiffsbesitzer samt allen Seefahrern. Modern ausgedrückt würden wir sagen: Diktatoren, Politiker, Banker, Großhändler, Vorsitzende und Manager von Handelsgesellschaften und Reedereien, also allesamt Männer und Frauen mit Spitzenpositionen in Politik und Wirtschaft.

***(18,20) Freue dich über sie, Himmel, und ihr Heiligen und Apostel und Propheten! Denn Gott hat sie gerichtet um euretwillen.***

Wir dürfen nicht vergessen, es geht um Menschen, die sich der geistlichen Hurerei schuldig gemacht haben, und es geht um eine globale Zusammenarbeit mit dem Antichristen, dem teuflischen Abbild unseres Herrn Jesus Christus.

***(18,21) Und ein starker Engel hob einen Stein auf, groß wie ein Mühlstein, warf ihn ins Meer und sprach: So wird in einem Sturm niedergeworfen die große Stadt Babylon und nicht mehr gefunden werden.***
***(18,22) Und die Stimme der Sänger und Saitenspieler, Flötenspieler und Posaunenbläser soll nicht mehr in dir gehört werden, und kein Handwerker irgendeines Handwerks soll mehr in dir gefunden werden, und das Geräusch der Mühle soll nicht mehr in dir gehört werden …***

Kein Fernsehen, kein Internet, keine kulturellen Veranstaltungen, kein normaler, täglicher Lärm einer Großstadt, kein elektrischer Strom (und damit ist modernes Leben praktisch abgeschaltet).

***(18,23) und das Licht der Lampe soll nicht mehr in dir leuchten, und die Stimme des Bräutigams und der Braut soll nicht mehr in dir gehört werden. Denn deine Kaufleute waren Fürsten auf Erden, und durch deine Zauberei sind verführt worden alle Völker …***

In Kapitel 17 und 18 wird eine wichtige Entwicklung offenbart:

1. Das Weib ist eine Hure und sitzt auf dem Tier (17,1 – 4).
2. Diese Hure trägt an der Stirn den Namen „Babylon" (17,5 – 17).

3. Diese Frau ist zugleich die große Stadt, die die Herrschaft hat über die Könige auf Erden (18,1 – 24).

Eine Hure also, die im Lauf ihrer Entwicklung später als eine Stadt beschrieben wird mit globaler, städtischer, d. h. durchorganisierter Struktur, oder sagen wir besser: die weltweit digital vernetzt ist.

Falls Sie Probleme damit haben (so wie ich früher), Hure und Stadt als eine antigöttliche Einheit zu verstehen, dann hilft Ihnen vielleicht der Vergleich mit Jerusalem und der Braut des Lammes in Offenbarung 21,9-11 weiter. Wenn wir so weit gekommen sind, werde ich darauf noch einmal zurückkommen.

***(18,24) und das Blut der Propheten und der Heiligen ist in ihr gefunden worden, und das Blut aller derer, die auf Erden umgebracht worden sind.***

Babylonische Politiker und babylonische Wirtschaftsbosse, verbunden mit Zauberei, also okkulten Machenschaften und Praktiken, um an die Macht zu kommen oder dort zu bleiben, sind von jeher über Leichen gegangen. Die bekanntesten Organisationen, die wir in diesem Zusammenhang kennen, sind die Freimaurerlogen. Aber es gibt noch sehr viel mehr Geheimorganisationen mit dem Ziel, durch Kontakte zur Welt der Geister übernatürliche Kräfte „anzuzapfen". Diese weltweiten finsteren Netzwerke sind für uns schwer zu durchschauen. Aus göttlicher Perspektive aber sieht das ganz anders aus, wie wir im nächsten Kapitel sehen werden.

Ganz zum Schluss dieser Thematik ist meines Erachtens auch noch eine Gegenüberstellung zwischen der Frau in Offenbarung 12 und dieser Frau hier in Offenbarung 17 sinnvoll:

| **Offenbarung 12** | **Offenbarung 17** |
|---|---|
| **Eine Frau in** himmlischer Herrlichkeit | **Eine Frau in** irdischer Herrlichkeit |
| wird vom Drachen bedroht | im Bündnis mit dem Tier |
| und flieht in Verborgenheit der Wüste. | ist verstrickt in globale Aktivitäten der Unzucht mit den Königen der Erde. |
| Der Drache kämpft gegen die Übrigen von ihrem Geschlecht durch das Tier. | Das Blut der Propheten und der Heiligen wird in ihr gefunden. |

# Kapitel 19

# Jubel über den Untergang Babylons

***(19,1) Danach hörte ich etwas wie eine große Stimme einer großen Schar im Himmel, die sprach: Halleluja! Das Heil und die Herrlichkeit und die Kraft sind unseres Gottes!***

Dieser Teil der Gerichtsphase Gottes wird durch die Doxologie einer mächtigen Menge abgeschlossen: „Gelobt sei Gott! Errettung und Ehre und gewaltige Kraft kommen allein von ihm!"

***(19,2) Denn wahrhaftig und gerecht sind seine Gerichte, dass er die große Hure verurteilt hat, die die Erde mit ihrer Hurerei verdorben hat, und hat das Blut seiner Knechte gerächt, das ihre Hand vergossen hat.***

Der Gerechtigkeit Gottes, die durch seine Allwissenheit gestützt und abgesichert ist, hat niemand etwas entgegenzusetzen!

***(19,3) Und sie sprachen zum zweiten Mal: Halleluja! Und ihr Rauch steigt auf in Ewigkeit.***

Gemeint ist der Rauch vom Untergang Babylons (vgl. Offb 18,18). Jetzt sprechen wir nicht mehr von der Hure mit dem Namen „Babylon", sondern von der großen Stadt Babylon (vgl. Offb 18,10), also ihrem Herrschaftszentrum.

***(19,4) Und die vierundzwanzig Ältesten und die vier Gestalten fielen nieder und beteten Gott an, der auf dem Thron saß, und sprachen: Amen, Halleluja!***

Damit schließt die Offenbarung dieses Kapitel des Gerichtes an der „Hure Babylon" ab. Gott hat das letzte Wort, auch über diese Bosheit der Menschen.

***(19,5) Und eine Stimme ging aus von dem Thron: Lobt unsern Gott, alle seine Knechte und die ihn fürchten, Klein und Groß!***

Wer wollte dieser Aufforderung aus dem Allerheiligsten des Himmels nicht Folge leisten? Alle sind aufgerufen, in diese Verherrlichung Gottes mit einzustimmen, auch die Kleinsten wie Sie und ich!

***(19,6) Und ich hörte etwas wie eine Stimme einer großen Schar und wie eine Stimme großer Wasser und wie eine Stimme starker Donner, die sprachen: Halleluja! Denn der Herr, unser Gott, der Allmächtige, hat das Reich eingenommen.***

Ein Siegesruf aller seiner Geschöpfe, der eines Tages das ganze Universum durchdringen wird! Das Reich des Messias für Israel beginnt! Sie jubeln mit **einer** Stimme:

***(19,7) Lasst uns freuen und fröhlich sein und ihm die Ehre geben; denn die Hochzeit des Lammes ist gekommen, und seine Braut hat sich bereitet.***

Es lohnt sich, in der Bibel nach prophetischen Worten zu suchen, die dieses seit dem Sündenfall lang erwartete Endziel des Erlösungsplanes beschreiben! Volk Gottes, bereite dich vor auf die berühmteste Hochzeit aller Zeiten, die Vereinigung des Schöpfers mit seinen Geschöpfen!

***(19,8) Und es wurde ihr gegeben, sich anzutun mit schönem reinem Leinen. Das Leinen aber ist die Gerechtigkeit der Heiligen.***

Diese Phase der letzten Vorbereitung wird ganz sicher ein unvergessliches Erlebnis sein und in unseren Herzen einen bleibenden Eindruck hinterlassen.

Mein Gebet in dieser Zeit soll folgendes sein:

*Herr, ich weiß, dass ich eigentlich nicht hier wäre bei dir, wenn du mich nicht geliebt hättest. Immer wieder hast du mir dein Herz gezeigt und ich habe es nicht wertgeschätzt. Aber du hast mich nicht aufgegeben, trotz meiner Selbstgerechtigkeit. Du hast gewartet, bis ich bereit war, allen meinen Widerstand aufzugeben, ja, mehr noch, bis ich vor dir zerbrochen war. So viel Gnade habe ich nicht verdient. Wie groß muss dein Herz sein! So viel Liebe, größer als alles, was ich mir vorstellen kann!*

***(19,9) Und er sprach zu mir: Schreibe: Selig sind, die zum Hochzeitsmahl des Lammes berufen sind. Und er sprach zu mir: Dies sind wahrhaftige Worte Gottes.***

Das ist die vierte der sieben Seligpreisungen der Offenbarung!

Sind Sie berufen? Wissen Sie es oder wünschen Sie es sich nur? Wenn Sie unsicher sind, dann bitten Sie den Heiligen Geist, Ihnen diese Gewissheit zu schenken. Glauben Sie mir, das ist so befreiend!

***(19,10) Und ich fiel nieder zu seinen Füßen, ihn anzubeten. Und er sprach zu mir: Tu es nicht! Ich bin dein und deiner Brüder Mitknecht, die das Zeugnis Jesu haben. Bete Gott an! Das Zeugnis Jesu aber ist der Geist der Weissagung.***

Habe ich das Zeugnis Jesu? Redet der Geist des Herrn zu mir und durch mich? Füllt er mich aus? Schützt er mich vor den Geistern dieser Welt? Zieht er mich in die Gegenwart des Herrn?

***(19,11) Und ich sah den Himmel aufgetan; und siehe, ein weißes Pferd. Und der darauf saß, hieß: Treu und Wahrhaftig, und er richtet und kämpft mit Gerechtigkeit.***

Der Himmel öffnet sich für die Erde! Das Königreich Gottes kommt! Jetzt erfüllen sich die alten Bitten aus dem Vaterunser: *„Dein Reich komme! Dein Wille geschehe wie im Himmel, so auch auf Erden!"* (Mt 6,10).

Dieses weiße Pferd mit seinem Reiter (dem Sohn Gottes) am Schluss der Apokalypse kann man nicht vergleichen mit dem weißen Pferd und seinem Reiter zu Beginn der Siegelreihe. Der Unterschied ist offensichtlich (siehe 9,14). Jetzt findet der letzte Krieg auf dieser Erde statt. Und dieser Krieg ist mehr als bloß ein Krieg. Er ist ein Gericht Gottes. Und er ist das **Harmagedon der Menschheit**!

***(19,12) Und seine Augen sind wie eine Feuerflamme, und auf seinem Haupt sind viele Kronen; und er trug einen Namen geschrieben, den niemand kannte als er selbst.***

Augen wie Feuerflammen – wenn sie seine Widersacher treffen, durchbohren sie sie wie Laserstrahlen. Das Haupt voller Kronen – jede Krone eine besiegte und von der Herrschaft Satans befreite Nation, denn alle Knie werden sich vor ihm beugen müssen.

Und dann sein neuer Name. Was bedeutet ein von Gott geschenkter neuer Name eigentlich? Er ist die Beschreibung Ihrer Berufung, der Ausdruck dessen, wofür Gott Sie geschaffen und wozu er Sie bestimmt hat. Er beschreibt das, wovon Sie immer schon geahnt haben, dass es der eigentliche Sinn Ihres Lebens ist. Bisher war es für Sie vielleicht noch verborgen, ein Geheimnis, aber jetzt ist es auch für Sie die pure Apokalypse.

Ein neuer Name beschreibt Ihre neue Zukunft in der Ewigkeit! Die Überwinder des Gemeindecharakters von Pergamon tragen einen neuen Namen, den niemand kennt, als der, der ihn empfängt (vgl. Offb 2,17), und die Überwinder der Gemeinde von Philadelphia werden sogar den neuen Namen Jesu empfangen dürfen (vgl. Offb 3,12)!

Eltern haben das Recht, ihren Kindern Namen zu geben. Und so hat auch Ihr himmlischer Vater ein Recht darauf, Sie mit seinem Namen zu beschenken, ein neuer Name, mit dem er seine Vaterschaft bestätigt, eine Vaterschaft, die Sie zugleich in ein ganz neues, ein ewiges Kindschaftsverhältnis hineinführt!

***(19,13) Und er war angetan mit einem Gewand, das mit Blut getränkt war, und sein Name ist: Das Wort Gottes.***

> *Kommt herzu, ihr Heiden, und höret; ihr Völker, merkt auf! Die Erde höre zu und was sie füllt, der Erdkreis und was darauf lebt! Denn der Herr ist zornig über alle Heiden und ergrimmt über alle ihre Scharen. Er wird an ihnen den Bann vollstrecken und sie zur Schlachtung dahingeben* (Jes 34,1-2).
>
> *... und der Himmel wird zusammengerollt werden wie eine Buchrolle* (Jes 34,4).
>
> *Denn es kommt der Tag der Rache des Herrn und das Jahr der Vergeltung, um Zion zu rächen* (Jes 34,8).
>
> *Denn so sprach zu mir der Herr, der Gott Israels: Nimm diesen Becher mit dem Wein meines Zornes aus meiner Hand und lass daraus trinken alle Völker, zu denen ich dich sende* (Jer 25,15).
>
> *... alle Königreiche der Welt, soviel ihrer auf Erden sind ...* (Jer 25,26).
>
> *Und sprich zu ihnen: So spricht der Herr Zebaoth, der Gott Israels: Trinkt ... Ihr müsst trinken! Denn siehe, bei der Stadt, die nach meinem*

*Namen genannt ist, fange ich an mit dem Unheil, und ihr sollt ungestraft bleiben? Ihr sollt nicht ungestraft bleiben, denn ich rufe das Schwert über alle herbei, die auf Erden wohnen, spricht der Herr Zebaoth. Und du sollst ihnen alle diese Worte weissagen und zu ihnen sprechen: Der Herr wird brüllen aus der Höhe und seinen Donner hören lassen aus seiner heiligen Wohnung. Er wird brüllen über seine heiligen Fluren hin; wie einer, der die Kelter tritt, wird er seinen Ruf erschallen lassen über alle Bewohner der Erde hin, und sein Schall wird dringen bis an die Enden der Erde ...* (Jer 25,27-31).

*Heulet, ihr Hirten, und schreit, wälzt euch in Asche, ihr Herren der Herde; denn die Zeit ist erfüllt, dass ihr geschlachtet und zerstreut werdet und zerbrechen müsst wie ein kostbares Gefäß* (Jer 25,34)

Sein blutgetränktes Kleid weist darauf hin, dass alle diese Kämpfe zu dieser Zeit bereits geschehen sind, beginnend mit der Vision vom Himmel, der wie eine Buchrolle zusammengerollt wird (6. Siegel) bis jetzt, seiner Apokalypse als „Wort Gottes":

*Und das Wort ward Fleisch und wohnte unter uns, und wir sahen seine Herrlichkeit, eine Herrlichkeit als des eingeborenen Sohnes vom Vater, voller Gnade und Wahrheit* (Joh 1,14).

***(19,14) Und ihm folgte das Heer des Himmels auf weißen Pferden, angetan mit weißem, reinem Leinen.***

Noch einmal: Was für ein Unterschied zum Reiter auf dem weißen Pferd aus dem ersten Siegelabschnitt. Das war ein irdisches Ereignis – jetzt ist es eine himmlische Invasion!

***(19,15) Und aus seinem Munde ging ein scharfes Schwert, dass er damit die Völker schlage; und er wird sie regieren mit eisernem Stabe; und er tritt die Kelter, voll vom Wein des grimmigen Zornes Gottes, des Allmächtigen ...***

Wir erinnern uns an Hebräer 4,12, wo es heißt: *„Denn das Wort Gottes* (Jesus) *ist ... schärfer als jedes zweischneidige Schwert ..."*

Oder an Offenbarung 12,5: Die Frau (Israel) *gebar einen Sohn ..., der alle Völker weiden sollte mit eisernem Stabe."* Schließlich eine Parallele bei Jesaja, das Gericht über Edom als prophetisches Bild für diesen Kampf Gottes von Harmagedon (Jes 63,1-6).

***(19,16) ... und er trägt einen Namen geschrieben auf seinem Gewand und auf seiner Hüfte: König aller Könige und Herr aller Herren.***

*Ich aber habe meinen König eingesetzt auf meinem heiligen Berg Zion. Kundtun will ich den Ratschluss des Herrn. Er hat zu mir gesagt: Du bist mein Sohn, heute habe ich dich gezeugt. Bitte mich, so will ich dir Völker zum Erbe geben und der Welt Enden zum Eigentum. Du sollst sie mit einem eisernen Zepter zerschlagen, wie Töpfe sollst du sie zerschmeißen* (Ps 2,6-9).

**Und jetzt folgt die große und letzte Schlacht von Harmagedon:**

***(19,17) Und ich sah einen Engel in der Sonne stehen und er rief mit großer Stimme allen Vögeln zu, die hoch am Himmel fliegen: Kommt, versammelt euch zu dem großen Mahl Gottes ...***

Warum werden die Vögel gerufen? – Weil es niemanden mehr gibt, der diese riesigen Menschenmassen beerdigen könnte!

***(19,18) ... und esst das Fleisch der Könige und der Hauptleute und das Fleisch der Starken und der Pferde und derer, die darauf sitzen, und das Fleisch aller Freien und Sklaven, der Kleinen und der Großen!***

Die versammelten Heere bei Harmagedon sind durch Teufelsgeister, die aus dem Rachen des Drachen, des Tieres und des falschen Propheten hervorgegangen waren, nach Israel gerufen worden. **Hier warten sie auf ihren Kampf am großen Tag Gottes, des Allmächtigen** (vgl. Offb 16,13-14).

***(19,19) Und ich sah das Tier und die Könige auf Erden und ihre Heere versammelt, Krieg zu führen mit dem, der auf dem Pferd saß, und mit seinem Heer.***

Interessant ist, dass in diesem vorletzten Abschnitt des Kampfes zwischen Licht und Finsternis nicht noch einmal der Ort der Auseinandersetzung erwähnt wird. Wir lesen davon nur in der sechsten Zornesschale: Harmagedon – Berg von Megiddo. Wer schon einmal in Israel war, wird vielleicht auch Megiddo besucht haben, die Ruinen einer Festung, von der aus man einen fantastischen Blick auf die Ebene von Megiddo hat. Eine Ebene, in der im Altertum viele wichtige Schlachten geschlagen wurden!

***(19,20) Und das Tier wurde ergriffen und mit ihm der falsche Prophet, der vor seinen Augen die Zeichen getan hatte, durch welche er die verführte, die das Zeichen des Tieres angenommen und das Bild des Tieres angebetet hatten. Lebendig wurden diese beiden in den feurigen Pfuhl geworfen, der mit Schwefel brannte.***

Das Tier und der falsche Prophet sind nach meiner Überzeugung Menschen aus Fleisch und Blut, die in diesem Schwefelsee brennen müssen und doch nicht verbrennen in Ewigkeit.

Der Drache ist jetzt noch nicht dabei, er wird bis zum Schluss des Menschheitsdramas aufbewahrt und erst nach dem tausendjährigen messianischen Reich gerichtet. Dabei fällt folgende Ordnung auf:

- Antichristus gegen Christus (Harmagedon)
- Drache gegen Gott (Jerusalem)

***(19,21) Und die andern wurden erschlagen mit dem Schwert, das aus dem Munde dessen ging, der auf dem Pferd saß. Und alle Vögel wurden satt von ihrem Fleisch.***

Nach der Schlacht, werden zum zweiten Mal die Vögel erwähnt. Ich glaube nicht, dass das Zufall oder orientalische Poesie ist. Der Prophet Sacharja gibt uns einen Hinweis darauf, wie alle jene Völker umkommen werden, die gegen Jerusalem kämpfen: Sie werden bei lebendigem Leib verwesen (vgl. Sach 14,12).

Ich möchte diesen Abschnitt mit einem Wort aus Jesaja 59 abschließen und damit zugleich auch überleiten zu dem Beginn des tausendjährigen Reiches in Kapitel 20:

> *Er zieht Gerechtigkeit an wie einen Panzer und setzt den Helm des Heils auf sein Haupt und zieht an das Gewand der Rache und kleidet sich mit Eifer wie mit einem Mantel. Nach den Taten wird er vergelten, mit Grimm seinen Widersachern, mit Vergeltung seinen Feinden; ja, den Inseln will er heimzahlen, dass der Name des Herrn gefürchtet werde bei denen vom Niedergang der Sonne und seine Herrlichkeit bei denen vom Aufgang, wenn er kommen wird wie ein reißender Strom, den der Odem des Herrn treibt. Aber für Zion wird er als Erlöser kommen und für die in Jakob, die sich von der Sünde abwenden, spricht der Herr. Und dies ist mein Bund mit ihnen, spricht der Herr: Mein Geist, der auf dir ruht, und meine Worte, die ich in deinen Mund gelegt habe,*

*sollen von deinem Mund nicht weichen noch von dem Mund deiner Kinder und Kindeskinder, spricht der Herr, von nun an bis in Ewigkeit* (Jes 59,17-21).

Kapitel 20

# Das tausendjährige Reich (Millenium)

***(20,1) Und ich sah einen Engel vom Himmel herabfahren, der hatte den Schlüssel zum Abgrund und eine große Kette in seiner Hand.***

Der *„Abgrund"* (*Abyssos*) kommt im Neuen Testament außer in der Offenbarung (Offb 9,1; 9,11; 11,7; 20,3) nur zweimal vor: als Ort der Dämonen in Lukas 8,31 und als Ort der Toten in Römer 10,7.

***(20,2) Und er ergriff den Drachen, die alte Schlange, das ist der Teufel und der Satan, und fesselte ihn für tausend Jahre ...***

Jetzt bleibt auch dem Drachen nichts anderes mehr übrig, als ein schreckliches Warten auf sein Gericht.

***(20,3) ... und warf ihn in den Abgrund und verschloss ihn und setzte ein Siegel oben darauf, damit er die Völker nicht mehr verführen sollte, bis vollendet würden die tausend Jahre. Danach muss er losgelassen werden eine kleine Zeit.***

Dazu ein Hinweis auf eine Textparallele im Alten Testament:

> *Zu der Zeit wird der Herr das Heer der Höhe heimsuchen in der Höhe und die Könige der Erde auf der Erde, dass sie gesammelt werden als Gefangene im Gefängnis und verschlossen werden im Kerker und nach langer Zeit heimgesucht werden. Und der Mond wird schamrot werden und die Sonne sich schämen, wenn der Herr Zebaoth König sein wird auf dem Berg Zion und zu Jerusalem und vor seinen Ältesten in Herrlichkeit* (Jes 24,21-23).

Die dann noch übriggebliebenen Völker werden unter der Herrschaft Jesu und Israels eine einzigartige Zeit des Friedens und der Wiederherstellung erleben. Da diese Periode eine ausdrückliche Zeit der Herrschaft des Messias für Israel ist, erfahren wir auch im Alten Testament mehr darüber als im Neuen Testament.

***(20,4) Und ich sah Throne, und sie setzten sich darauf, und ihnen wurde das Gericht übergeben. Und ich sah die Seelen derer, die enthauptet waren um des Zeugnisses von Jesus und um des Wortes Gottes willen, und die nicht angebetet hatten das Tier und sein Bild und die sein Zeichen nicht angenommen hatten an ihre Stirn und auf ihre Hand; diese wurden lebendig und regierten mit Christus tausend Jahre.***

> *Jesus aber sprach zu ihnen: Wahrlich, ich sage euch: Ihr, die ihr mir nachgefolgt seid, werdet bei der Wiedergeburt, wenn der Menschensohn sitzen wird auf dem Thron seiner Herrlichkeit, auch sitzen auf zwölf Thronen und richten die zwölf Stämme Israels* (Mt 19,28).

Jesus spricht interessanterweise hier nicht von Auferstehung, sondern nennt dieses Ereignis Wiedergeburt!

*„Und ich sah die Seelen derer, die enthauptet waren... ; diese wurden lebendig ..."* Dieser Satz wirft eine interessante Frage auf: Wenn Seelen lebendig werden – was bedeutet das? Meine Vorstellung dazu ist folgende: Wenn wir sterben geht unser Geist entweder zu Gott oder nach unten in die Finsternis. Ich habe mich mit vielen Berichten von Nahtoderfahrungen beschäftigt und empfehle Ihnen, das auch einmal zu tun. Das öffnet einem die Augen. In diesem Stadium sind wir Geisteswesen ohne Körper. Wozu aber dann noch die Auferstehung?

Ich glaube, dass wir wie Jesus eines Tages einen neuen Leib erhalten werden und das ist die Auferstehung. Jesus ist der Erstling der Auferstandenen und wir als seine Nachfolger werden einmal sein wie er: Nicht Engel oder Geisteswesen, sondern **Menschen** in himmlischer Herrlichkeit.

Seine Jünger konnten ihn anrühren und die Hände in seine Wundmale legen und er ließ sich etwas zu essen geben, um ihnen zu zeigen, dass er noch derselbe Mensch war. Wir werden in Zukunft Menschen sein wie Adam und Eva vor dem Sündenfall. Solange wir Geschöpfe Gottes auf einer Erde sind, werden wir auch Körper bekommen, die der Schwerkraft unterworfen sind. Deshalb bekommen die hier genannten Märtyrer auch einen Auferstehungsleib und werden nicht wie körperlose Wesen

„herumgeistern", denn das tausendjährige Reich ist ein Reich auf dieser Erde – nicht auf einer zukünftigen Neuschöpfung (wie in Offenbarung 21 beschrieben), sondern auf unserer jetzigen, alten Erde. Die Offenbarung erklärt uns das im folgenden Vers:

***(20,5) Die andern Toten aber wurden nicht wieder lebendig, bis die tausend Jahre vollendet wurden. Dies ist die erste Auferstehung.***

Die erste Auferstehung, das ist die Auferstehung der Gläubigen. Hier geht es nicht um eine Reihenfolge, sondern um ein Qualitätsmerkmal! Vielleicht ist die umgekehrte Formulierung überzeugender: Die Auferstehung der Gläubigen nennt die Offenbarung *„erste Auferstehung"*.

Diese erste Auferstehung wird bereits bei Jesu Wiederkunft im sechsten Siegel nach den eschatologischen Zeichen beginnen:

> *Wir wollen euch aber, liebe Brüder, nicht im Ungewissen lassen über die, die entschlafen sind, damit ihr nicht traurig seid wie die andern, die keine Hoffnung haben. Denn wenn wir glauben, dass Jesus gestorben und auferstanden ist, so wird Gott auch die, die entschlafen sind, durch Jesus mit ihm einherführen. Denn das sagen wir euch mit einem Wort des Herrn, dass wir, die wir leben und übrig bleiben bis zur Ankunft des Herrn, denen nicht zuvorkommen werden, die entschlafen sind. Denn er selbst, der Herr, wird, wenn der Befehl ertönt, wenn die Stimme des Erzengels und die Posaune Gottes erschallen, herabkommen vom Himmel, und zuerst werden die Toten, die in Christus gestorben sind, auferstehen. Danach werden wir, die wir leben und übrig bleiben, zugleich mit ihnen entrückt werden auf den Wolken in die Luft, dem Herrn entgegen; und so werden wir bei dem Herrn sein allezeit. So tröstet euch nun mit diesen Worten untereinander* (1 Thess 4,13-18).

Und sie (die erste Auferstehung) wird erst unmittelbar bei Beginn des tausendjährigen Reiches beendet werden. Warum? Wichtig ist die Erklärung dazu im vorherigen Vers. Es geht um die Märtyrer, die enthauptet wurden während der Zeit des siebenten Siegels unter der Herrschaftszeit des Antichristen. Sie sollten den Märtyrern aus dem fünften Siegel noch hinzugefügt werden. Durch ihre Teilhabe am Gericht über die zwölf Stämme Israels werden sie besonders ausgezeichnet. Es geht im tausendjährigen Reich (Griechisch: *Millennium*) **nur um Israel**!

Logischerweise müsste die Offenbarung auch von einer zweiten Auferstehung sprechen, wenn es um eine numerische Reihenfolge ginge.

Das tut sie aber nicht! Sie spricht nur noch von den Toten, die vor dem Thron Gottes stehen müssen, mit anderen Worten, sie werden gar nicht mehr auferstehen und einen Leib erhalten. Wozu auch? Es gibt dann keine Erde mehr. Aber darauf kommen wir noch zu sprechen.

Allerdings spricht die Offenbarung von einem **zweiten Tod:**

***(20,6) Selig ist der und heilig, der teilhat an der ersten Auferstehung. Über diese hat der zweite Tod keine Macht; sondern sie werden Priester Gottes und Christi sein und mit ihm regieren tausend Jahre.***

Priester sind immer Mittler zwischen Gott und den Menschen. Sie sind Mitarbeiter des Hohepriesters Jesus, der vor Gott im himmlischen Heiligtum die Versöhnung durch sein Blut vollzieht und so die Reinigung von Sünden erwirkt.

Dieser Hinweis auf das Priestertum im tausendjährigen Reich zeigt uns, dass in jener Zeit auch noch Ungläubige gerettet werden. Wahrscheinlich sehr viele, aber wohl doch nicht alle, denn der folgende Abschnitt offenbart, dass es noch einmal eine Zeit geben wird, in der das Unkraut vom Weizen getrennt werden muss.

***(20,7) Und wenn die tausend Jahre vollendet sind, wird der Satan losgelassen werden aus seinem Gefängnis ...***

Früher habe ich mich immer gefragt, warum noch einmal dieses ganze Theater. Aber Gott ist gerecht und bietet allen Menschen die Wahl der Entscheidung, auch wenn er selbst dabei der Verlierer zu sein scheint. Also muss Satan noch einmal die Möglichkeit der Verführung bekommen:

***(20,8) ... und wird ausziehen, zu verführen die Völker an den vier Enden der Erde, Gog und Magog, und sie zum Kampf zu versammeln; deren Zahl ist wie der Sand am Meer.***

Die Erwähnung Gogs könnte bedeuten, dass der Drache noch einmal ein Bündnis mit ihm sucht oder ihn in seine Pläne einspannt. Wir wissen es nicht. Jedenfalls werden die Menschen, die sich gegen Gott entschieden haben, durch Feuer gerichtet.

***(20,9) Und sie stiegen herauf auf die Ebene der Erde und umringten das Heerlager der Heiligen und die geliebte Stadt. Und es fiel Feuer vom Himmel und verzehrte sie.***

Ein zweites Mal zieht es Gog nach Jerusalem. Diesmal aber wird er endgültig vernichtet.

***(20,10) Und der Teufel, der sie verführte, wurde geworfen in den Pfuhl von Feuer und Schwefel, wo auch das Tier und der falsche Prophet waren; und sie werden gequält werden Tag und Nacht, von Ewigkeit zu Ewigkeit.***

Die Menschen, die der Drache für sich gewonnen hatte, werden hier nicht erwähnt. Sie gehören zu den Toten, die auf das Endgericht und auf ihr Urteil noch warten müssen.

Der Prophet Jesaja erklärt, dass die Erde nicht nur zur Wüste werden wird (vgl. Jes 13,6 ff.), sondern schlimmer noch:

> *Es wird die Erde mit Krachen zerbrechen, zerbersten und zerfallen. Die Erde wird taumeln wie ein Trunkener und wird hin und her geworfen wie eine schwankende Hütte; denn ihre Missetat drückt sie, dass sie fallen muss und nicht wieder aufstehen kann* (Jes 24,19-20).

Und Petrus, der diesen Abschnitt wahrscheinlich im Hinterkopf hatte, schreibt dazu:

> *Es wird aber des Herrn Tag kommen wie ein Dieb; dann werden die Himmel zergehen mit großem Krachen; die Elemente aber werden vor Hitze schmelzen, und die Erde und die Werke, die darauf sind, werden ihr Urteil finden* (2 Petr 3,10).

Nun kommt **das Endgericht:**

***(20,11) Und ich sah einen großen, weißen Thron und den, der darauf saß; vor seinem Angesicht flohen die Erde und der Himmel, und es wurde keine Stätte für sie gefunden.***

In der Antike sprach man vom Lufthimmel, dem Sternenhimmel und dem Gotteshimmel. Aus dem Text geht leider nicht hervor, um welchen *„Himmel"* es sich hier handelt. Logisch wäre, dass es um unsere Atmosphäre geht, die durch die Schwerkraft an unsere Erde gebunden ist und sich ohne diesen Zusammenhang wohl einfach im All verflüchtigen würde.

Wenn es hier heißt, dass für die Erde keine Stätte mehr gefunden wurde, dann könnte man vielleicht auch an eine Kollision von Materie mit Antimaterie denken. Dann wäre nach einem gewaltigen Energieblitz wirklich nichts mehr übrig.

Ich habe schon einige Auslegungen zum Endgericht oder Weltgericht gehört und gelesen. Die einen behaupten, dass es in Joel 4 beschrieben wird. Für andere ist es das Gericht in Hesekiel 38 und 39 oder noch andere wollen es in den Zornesschalen in der Offenbarung erkennen. Nichts davon ist richtig. Solange diese Gerichte noch auf einer halbwegs intakten Erde stattfinden, können sie kein Endgericht sein, auch wenn sie endzeitlichen Charakter haben.

Das letzte Gericht findet vor dem Thron Gottes statt und da **gibt es keine Erde mehr**! Aus anderen Texten wissen wir, dass kein Mensch das Angesicht Gottes sehen kann, ohne augenblicklich zu sterben. Deshalb bekommen die Toten, die hier versammelt sind, auch keinen Körper. Dieser könnte Gottes Angesicht nicht ertragen. Einmal allerdings werden sie doch vor Gott erscheinen müssen, ob sie wollen oder nicht.

***(20,12) Und ich sah die Toten, Groß und Klein, stehen vor dem Thron, und Bücher wurden aufgetan. Und ein andres Buch wurde aufgetan, welches ist das Buch des Lebens. Und die Toten wurden gerichtet nach dem, was in den Büchern geschrieben steht, nach ihren Werken.***

Menschliche Totengeister sind versammelt in einem Zustand, in dem sie dann auch sofort in den feurigen Pfuhl geworfen werden, um dort die Ewigkeit mit Satan zu verbringen. Irgendwie klingt das aus heutiger Sicht makaber, aber ich glaube nicht, dass wir das abmildern dürfen. Wir Pastoren predigen ohnehin viel zu selten über die Hölle und die letzten Dinge.

Unsere Biografien sind aufgezeichnet in himmlischen Speichermedien, für die das Wort „Bücher" nur ein Bild ist, da Johannes es zu seiner Zeit nicht anders ausdrücken konnte. Wäre die Offenbarung heute geschrieben worden, hätte man wahrscheinlich von einer Cloud gesprochen. Ich vermute, dass es hier um unser ewiges Bewusstsein geht, das ja auch nicht sterben kann.

Der Gedanke einer unsterblichen Seele (der hier dahintersteht) scheint mir auch durch einen interessanten Vergleich, der in Beziehung zum Menschen genannt wird, sichtbar zu sein: Die Vorstellung vom *„Wurm"*, der nicht stirbt (Jes 66,24; Mk 9,48).

Ein (Regen-) Wurm zum Beispiel lebt unter der Erde und ist normalerweise nicht sichtbar und so gibt es auch einen verborgenen Teil des Menschen, seine Seele, die auch dann noch existieren wird, wenn der Körper tot ist und sich in seine materiellen Bestandteile aufgelöst hat.

Dass nichts von dem, was wir erlebt oder getan haben, verlorengeht, hat mir vor vielen Jahren einmal ein (damals noch) junger Mann bestätigt, der beim Schwimmen beinahe ertrunken wäre, sich aber im letzten Moment noch irgendwo festhalten und retten konnte. Er sagte mir: „Du kannst es dir nicht vorstellen, aber im letzten Moment, als ich wusste, jetzt ist es aus, ist mein ganzes Leben wie ein Film vor meinem inneren Auge vorbeigezogen. Mit sehr großer Geschwindigkeit und trotzdem mit allen Einzelheiten!" Diesen letzten Satz hat er ausdrücklich noch einmal betont und zwar so eindringlich, dass ich es bis heute nicht vergessen habe.

Unsere Sinnesorgane nehmen alles auf, was wir sehen, hören, riechen, tasten, und auch das, was wir denken können, und sie speichern es danach ab. Wenn das nicht so wäre, würden wir es fünf Minuten später schon nicht mehr wissen. Das wird das Material sein, das vor dem Gericht Gottes geprüft wird. Unser Bewusstsein ist die „Cloud", die auch außerhalb unseres Körpers existieren kann.

***(20,13) Und das Meer gab die Toten heraus, die darin waren, und der Tod und sein Reich gaben die Toten heraus, die darin waren; und sie wurden gerichtet, ein jeglicher nach seinen Werken.***

Eigentlich gibt es die Erde und den Himmel schon gar nicht mehr. Das lässt mich aber nicht am Wahrheitsgehalt dieses Satzes zweifeln. Vielleicht verhält sich die unsichtbare Welt zur Sichtbaren so wie in der Fotografie das Positiv zum Negativ?

Oder die Verwendung der Zeitform ist unpassend. Man hätte vielleicht lieber formulieren sollen: „Und das Meer hatte die Toten herausgegeben, die darin waren, und der Tod und sein Reich hatte die Toten herausgegeben... ." Dann wäre der Kontext verständlicher.

***(20,14) Und der Tod und sein Reich wurden geworfen in den feurigen Pfuhl. Das ist der zweite Tod: der feurige Pfuhl.***

Die Gegenüberstellung lautet hier: Erste Auferstehung – zweiter Tod. Oder mit anderen Worten: Ewiges Leben der Gläubigen bei Gott im Gegensatz zum ewigen Tod der Ungläubigen bei Satan.

Viele meinen, mit dem Tod ist alles aus, dann ist es so, als wären wir nie gewesen. Wenn das stimmen würde, dann hätten wir keinen gerechten Gott! Das Gericht ist eine absolute Realität, keiner wird ihm entgehen, nicht einmal die Gläubigen. Auch sie müssen offenbar werden vor dem Thron Christi:

*Denn wir müssen alle offenbar werden vor dem Richterstuhl Christi, damit jeder seinen Lohn empfange für das, was er getan bei Lebzeiten, es sei gut oder böse* (2 Kor 5,10).

***(20,15) Und wenn jemand nicht gefunden wurde geschrieben in dem Buch des Lebens, der wurde geworfen in den feurigen Pfuhl.***

Damit ist die Geschichte der Unabhängigkeit des Menschen von Gott abgeschlossen. Der Beweis ist erbracht, dass Sünde das Potential der Selbstzerstörung in sich trägt. Und nicht nur das: Sie führt alle Menschen, die gesündigt haben dahin, dass sie sich dieser Kraft der Selbstzerstörung ausliefern. Wenn Gott nicht selbst einen Ausweg geschaffen und eine Erlösung vorbereitet hätte für die, die sich nach echter Befreiung und Liebe sehnen, wären wir alle verloren.

# Kapitel 21

# Die neue Schöpfung

***(21,1) Und ich sah einen neuen Himmel und eine neue Erde; denn der erste Himmel und die erste Erde sind vergangen, und das Meer ist nicht mehr.***

Ich gehe davon aus, dass die erste Erde, also unser gegenwärtiger Planet, durch atomare Verseuchung dauerhaft unbewohnbar geworden ist. Die Tatsache, dass Gott uns Menschen eine neue Heimat auf einer neuen Erde schenkt ist auch eine Bestätigung dafür, dass er sein ursprüngliches Ziel nicht aufgegeben hat: Mit Geschöpfen in Gemeinschaft zu leben, die ihn aus tiefstem Herzen lieben, weil sie sein Vaterherz kennengelernt haben.

***(21,2) Und ich sah die heilige Stadt, das neue Jerusalem, von Gott aus dem Himmel herabkommen, bereitet wie eine geschmückte Braut für ihren Mann.***

Nicht nur eine neue Erde, sondern auch ein neues **Jerusalem** in fantastischer Schönheit und gewaltiger Größe!

***(21,3) Und ich hörte eine große Stimme von dem Thron her, die sprach: Siehe da, die Hütte Gottes bei den Menschen! Und er wird bei ihnen wohnen, und sie werden sein Volk sein, und er selbst, Gott mit ihnen, wird ihr Gott sein …***

Die *„Hütte Gottes"* (Griechisch *Skene* – unter anderem auch „Wohnung" oder „Zelt") ist eine Anspielung auf das Wüstenheiligtum Israels, das heißt, auf den ersten Bund. Der letzte, hier angeführte Satzteil war in alttestamentlicher Zeit die Bundesformel, mit der Gott den neuen, zukünftigen Bund ankündigte, den er mit seinem Volk eines Tages schließen würde:

*… sondern das soll der Bund sein, den ich mit dem Hause Israel schließen will nach dieser Zeit, spricht der Herr: Ich will mein Gesetz in ihr Herz geben und in ihren Sinn schreiben, und sie sollen mein Volk sein, und ich will ihr Gott sein* (Jer 31,33).

*Und ich will ihnen ein anderes Herz geben und einen neuen Geist in sie geben und will das steinerne Herz wegnehmen aus ihrem Leibe und ihnen ein fleischernes Herz geben, damit sie in meinen Geboten wandeln und meine Ordnungen halten und danach tun. Und sie sollen mein Volk sein und ich will ihr Gott sein* (Hes 11,19-20).

Hier wird unser Blick auf das Volk Gottes wohl etwas korrigiert. Wir haben eigentlich immer zuerst **uns** als Christen im Blick und danach das Israel des ersten Bundes. Aber schon Paulus erklärt in Römer 9-11, dass wir, die Gläubigen aus den Nationen, die wilden Zweige sind und nur eingepfropft wurden, und dass die Wurzel (Israel) uns trägt statt umgekehrt!

***(21,4) … und Gott wird abwischen alle Tränen von ihren Augen, und der Tod wird nicht mehr sein, noch Leid noch Geschrei noch Schmerz wird mehr sein; denn das Erste ist vergangen.***

Leben ohne Schmerz und ohne Angst können wir uns kaum vorstellen, aber wünschen. Tief in unserem Herzen hat Gott in jedem von uns diese Sehnsucht verankert, und er wird sie erfüllen!

Allerdings wirft das viele Fragen auf: Werden wir uns an unsere Vergangenheit überhaupt noch erinnern können? Wenn nein, verlieren wir dann nicht den größten Teil unserer Identität? Wenn ja, wird die Erinnerung nicht auch in der Ewigkeit noch schmerzhaft sein? Wie gehen wir mit Verlust um? Wenn zum Beispiel die Eltern oder der Ehepartner oder die Kinder nicht gerettet sind?

Ich glaube, dass der Satz *„Gott wird abwischen alle Tränen…"* gerade auch zu Beginn der Ewigkeit bei Gott viel Raum einnehmen wird. Eine wichtige Zeit der inneren Heilung wird beginnen.

***(21,5) Und der auf dem Thron saß, sprach: Siehe, ich mache alles neu! Und er spricht: Schreibe, denn diese Worte sind wahrhaftig und gewiss!***

Zuerst fällt hier der Wechsel in der Zeitform von der Vergangenheit zur Gegenwart auf. Es ist, als wenn Gott den Apostel Johannes unterbricht, ihm auf die Schulter tippt und sagt, dass musst du unbedingt noch einmal betonen!

Dabei muss ich an einen geretteten Alkoholiker denken, mit dem ich jahrelang zusammengearbeitet habe. Er ist durch ein Wunder von seiner Sucht frei geworden. Trotzdem kamen manchmal Versuchungen, aber er hatte einen Weg gefunden, fest zu bleiben. Über seiner Wohnungstür hatte er ein Holzschild angebracht. Eingeritzt waren die Worte: „Gott kann!"

Und wir fügen hinzu: Gott kann nicht nur, er will auch aus tiefstem Herzen alles tun, damit dieses Wunder der Wiedergeburt nie mehr verlorengeht!

***(21,6) Und er sprach zu mir: Es ist geschehen. Ich bin das A und das O, der Anfang und das Ende. Ich will dem Durstigen geben von der Quelle des lebendigen Wassers umsonst.***

Es ist, als wenn Gott tief durchatmet und zu sich selber spricht: Endlich wurde dieser Teil der Menschheitsgeschichte überwunden und abgeschlossen. Es ist vorbei und nie wieder wird es einen Rückfall in alte Verhaltensmuster geben, denn ich selbst werde eine Quelle des Lebens für jeden sein!

***(21,7) Wer überwindet, der wird es alles ererben, und ich werde sein Gott sein, und er wird mein Sohn sein.***

Lassen Sie uns Überwinder werden! Lesen wir noch einmal die mahnenden Worte Jesu an die sieben Gemeinden. Nur die Überwinder bekommen Verheißungen, nur die Überwinder werden gerettet!

1. Überwinde Lieblosigkeit.
2. Überwinde Menschenfurcht.
3. Überwinde Verführung.
4. Überwinde Götzendienst.
5. Überwinde tote Werke.
6. Überwinde Ungeduld.
7. Überwinde Selbstgerechtigkeit.

***(21,8) Die Feigen aber und Ungläubigen und Frevler und Mörder und Unzüchtigen und Zauberer und Götzendiener und alle Lügner, deren Teil wird in dem Pfuhl sein, der mit Feuer und Schwefel brennt; das ist der zweite Tod.***

## Die „Feigen“

Das sind die, die Menschenfurcht haben, die sich schämen, den Namen Jesu öffentlich zu bekennen. Unser Herr Jesus sagte einmal:

> *Wer nun mich bekennt vor den Menschen, den will ich auch bekennen vor meinem himmlischen Vater. Wer mich aber verleugnet vor den Menschen, den will ich auch verleugnen vor meinem himmlischen Vater* (Mt 10,32-33).

## Die „Ungläubigen“

Hiermit sind nicht Menschen gemeint, die Zweifel haben, sondern eher Menschen, die Gegner des Glaubens sind. Auf Griechisch heißt dieses Wort *Apistoi* – das Präfix *„a-“* drückt ein Nichtvorhandensein aus (zum Beispiel *A-byssos*: bodenlos, unergründlich, Hölle). Es sind also Menschen, bei denen überhaupt kein Glauben an Gott vorhanden ist.

## Die „Frevler und Mörder“

Frevel ist aus der Sicht des Griechischen die höchste Steigerung von Sünde und Mord, die nicht mehr überbietbare Steigerung von Hass.

## Die „Unzüchtigen“

Seit dem Sündenfall hat der Teufel alles darangesetzt, die Menschheit zu verunreinigen, damit sie für Gott unbrauchbar wird. Im letzten Jahrhundert hat es mit dem Beginn der Entwicklung der modernen Medien einen regelrechten Boom dieser Verunreinigungen gegeben. Filme über sexuelle Handlungen im öffentlichen Fernsehen und zu Uhrzeiten, die auch für Kinder zugänglich sind, haben Homosexualität und Pornographie salonfähig gemacht. Auch das Wachstum der Kriminalität geht zu einem großen Teil auf das Konto der Fernsehproduzenten und Filmemacher, die natürlich jede Verantwortung weit von sich weisen.

## Die „Zauberer und Götzendiener“

Okkulte Mächte haben schon seit jeher eine große Anziehungskraft ausgeübt. In Deutschland gibt es offizielle Hexenorganisationen; Hexenbräute und Satanisten. Natürlich nicht nur in Deutschland, sondern sehr viel mehr in asiatischen Ländern, Mittelamerika oder Afrika (z. B. Voodoo-Kult).

## Die „Lügner"

Was sind Lügen? Dazu gehören z. B. auch Ausreden, Notlügen, Meineide, Prahlerei, Heuchelei, Intrigen ebenso wie faustdicke Lügen. Zu lügen ist für viele ein regelrechter Lebensstil geworden. Viele Menschen haben sich so sehr daran gewöhnt, etwas zu verbergen, dass sie nicht mehr zwischen Wahrheit, Halbwahrheit und Unwahrheit unterscheiden können.

Menschen, die in diesem Geist leben und all diese Dinge tun, können die Liebe, die Wahrheit, die Reinheit und die Barmherzigkeit des Reiches Gottes nicht ertragen. Sie sind Kinder der Bosheit. Für sie gibt es keine Gemeinschaft mit Jesus, der von sich sagt: *„Ich bin der Weg und die Wahrheit und das Leben"* (Joh 14,6).

***(21,9) Und es kam zu mir einer von den sieben Engel, die die sieben Schalen mit den letzten Plagen hatten, und redete mit mir und sprach: Komm, ich will dir die Frau zeigen, die Braut des Lammes.***

Die Parallele zu Offenbarung 17,1 ist nicht zu übersehen, wo ein Engel Johannes das Gericht über die Hure Babylon zeigen sollte. Vielleicht ist es sogar der gleiche „Schalen-Engel". Aber das ist nicht entscheidend. Viel wichtiger ist der Gegensatz auf den hier indirekt hingewiesen wird: Der Unterschied zwischen der Hure Babylon und der Braut des Lammes!

Interessant ist auch das Folgende: In beiden Fällen übernimmt der Heilige Geist die Führung und lenkt den Fokus des Apostel Johannes auf bestimmte Einzelheiten.

1. Die Wüste ist der Ort des Gerichtes über die Hure.
2. Die Hure „Babylon" wird zugleich auch beschrieben als die große Stadt Babylon.
3. Der große und hohe Berg ist der Ort der Verherrlichung der Braut.
4. Die Braut des Lammes wird zugleich offenbart als die heilige Stadt Jerusalem:

***(21,10) Und er führte mich hin im Geist auf einen großen und hohen Berg und zeigte mir die heilige Stadt Jerusalem herniederkommen aus dem Himmel von Gott, ...***

> *Es wird zur letzten Zeit der Berg, da des Herrn Haus ist, fest stehen, höher als alle Berge und über alle Hügel erhaben ...* (Jes 2,2).

Diese Textstelle bezieht sich nicht auf die neue Erde, sondern auf die Herrschaftszeit Jesu im Millennium. Aber ich denke, der Vergleich ist gewollt. Die neue Erde und auch das neue Jerusalem werden noch um Dimensionen gewaltiger sein als die vergangene Erde!

***(21,11) … die hatte die Herrlichkeit Gottes; ihr Licht war gleich dem alleredelsten Stein, einem Jaspis, klar wie Kristall;***
***(21,12) sie hatte eine große und hohe Mauer und hatte zwölf Tore und auf den Toren zwölf Engel und Namen darauf geschrieben, nämlich die Namen der zwölf Stämme der Israeliten:***
***(21,13) von Osten drei Tore, von Norden drei Tore, von Süden drei Tore, von Westen drei Tore.***
***(21,14) Und die Mauer der Stadt hatte zwölf Grundsteine und auf ihnen die zwölf Namen der zwölf Apostel des Lammes.***

Wir fassen zusammen:

1. Von Jerusalem geht das Licht, bzw. die Herrlichkeit Gottes aus.
2. Ihre zwölf Tore tragen die Namen der zwölf Stämme Israels.
3. Die zwölf Grundsteine der Mauer tragen die Namen der zwölf Apostel.

Die Symbolik ist deutlich erkennbar! Wenn die Vertreter der Ersatztheologie recht hätten, dürfte spätestens jetzt Israel keine Rolle mehr spielen. Aber Gott interessiert sich nicht für eine Theologie, die große Teile seines Wortes entstellt oder verzerrt, in dem teuflischen Versuch, den Weg für Antisemitismus und Judenhass frei zu machen und das wahre Israel zu eliminieren. Auch diese theologische Strömung ist **Teil der Ideologie Babylons**, über die Gottes Gericht ergehen wird!

***(21,15) Und der mit mir redete, hatte einen Messstab, ein goldenes Rohr, um die Stadt zu messen und ihre Tore und ihre Mauer.***

Auch an dieser Stelle gibt es eine interessante Parallele zu Offenbarung 11,1: Johannes bekam hier den Auftrag, den Tempel Jerusalems zur Zeit des Antichristen zu messen. Mit anderen Worten: Nichts entgeht den Augen Gottes!

***(21,16) Und die Stadt ist viereckig angelegt und ihre Länge ist so groß wie die Breite. Und er maß die Stadt mit dem Rohr: zwölftausend Stadien. Die Länge und die Breite und die Höhe der Stadt sind gleich.***

- Ein Stadion = 185 m x 12.000 = **2.220 km**!
- Länge x Breite x **Höhe (!)**
- Dieses neue Jerusalem nach der Vision des Johannes ist so groß, dass **in ganz Israel dafür kein Platz zu finden wäre**!

***(21,17) Und er maß ihre Mauer: hundertvierundvierzig Ellen nach Menschenmaß, das der Engel gebrauchte.***
***(21,18) Und ihr Mauerwerk war aus Jaspis und die Stadt aus reinem Gold, gleich reinem Glas.***
***(21,19) Und die Grundsteine der Mauer um die Stadt waren geschmückt mit allerlei Edelsteinen. Der erste Grundstein war ein Jaspis, der zweite ein Saphir, der dritte ein Chalzedon, der vierte ein Smaragd,***
***(21,20) der fünfte ein Sardonyx, der sechste ein Sarder, der siebente ein Chrysolith, der achte ein Beryll, der neunte ein Topas, der zehnte ein Chrysopras, der elfte ein Hyazinth, der zwölfte ein Amethyst.***

Ich frage mich immer wieder, wo Johannes seine Kenntnisse dieser Edelsteine wohl herhatte. Er war schließlich nur ein Fischer und kein Geologe!

***(21,21) Und die zwölf Tore waren zwölf Perlen, ein jedes Tor war aus einer einzigen Perle, und der Marktplatz der Stadt war aus reinem Gold wie durchscheinendes Glas.***
***(21,22) Und ich sah keinen Tempel darin; denn der Herr, der allmächtige Gott, ist ihr Tempel, er und das Lamm.***

Und wo ordnen wir den Tempel ein, den der Prophet Hesekiel in seiner großen Tempelvision (vgl. Hes 40-48) beschreibt?

Dieser ist offensichtlich ein Tempel, der in das Zeitalter des Millenniums gehört, in eine Zeit, in der es noch Bekehrungen und Versöhnung geben wird. Ein irdischer Tempel, dem auch noch ein Priestertum zugeordnet ist.

***(21,23) Und die Stadt bedarf keiner Sonne noch des Mondes, dass sie ihr scheinen; denn die Herrlichkeit Gottes erleuchtet sie, und ihre Leuchte ist das Lamm.***

Menschliches Vorstellungsvermögen reicht hierfür nicht aus. Johannes ist völlig überfordert und wir mit ihm.

***(21,24) Und die Völker werden wandeln in ihrem Licht; und die Könige auf Erden werden ihre Herrlichkeit in sie bringen.***

*Um Zions willen will ich nicht schweigen, und um Jerusalems willen will ich nicht innehalten, bis seine Gerechtigkeit aufgehe wie ein Glanz und sein Heil brenne wie eine Fackel, dass die Heiden sehen deine Gerechtigkeit und alle Könige deine Herrlichkeit. Und du sollst mit einem neuen Namen genannt werden, welchen des Herrn Mund nennen wird. Und du wirst sein eine schöne Krone in der Hand des Herrn und ein königlicher Reif in der Hand deines Gottes* (Jes 62,1-3).

*Denn siehe, ich will einen neuen Himmel und eine neue Erde schaffen, dass man der vorigen nicht mehr gedenken und sie nicht mehr zu Herzen nehmen wird. Freuet euch und seid fröhlich immerdar über das, was ich schaffe. Denn siehe, ich will Jerusalem zur Wonne machen und sein Volk zur Freude, und ich will fröhlich sein über Jerusalem und mich freuen über mein Volk* (Jes 65,17-19).

***(21,25) Und ihre Tore werden nicht verschlossen am Tage; denn da wird keine Nacht sein.***
***(21,26) Und man wird die Pracht und den Reichtum der Völker in sie bringen.***
***(21,27) Und nichts Unreines wird hineinkommen und keiner, der Gräuel tut und Lüge, sondern allein, die geschrieben stehen in dem Lebensbuch des Lammes.***

Für viele ist Lügen keine besonders schwere Sünde, aber doch schließt sie uns vom ewigen Leben aus! Ist das nicht Grund genug, in sich zu gehen? David klagte einmal: *„Meine Sünde ist immer vor mir"* (Ps 51,5). Dann bittet er: *„Schaffe in mir, Gott, ein reines Herz, und gib mir einen neuen, beständigen Geist"* (Ps 51,12). Jetzt ist noch Zeit zur Buße!

## Kapitel 22

# Am Ziel

***(22,1) Und er zeigte mir einen Strom lebendigen Wassers, klar wie Kristall, der ausgeht von dem Thron Gottes und des Lammes; …***

Die Ähnlichkeiten zwischen dem Tempelstrom in Hesekiel 47,1-12, also dem letzten irdischen, messianischen Tempel in der Zeit des tausendjährigen Reiches, und dem Strom des lebendigen Wassers vom Thron Gottes im neuen Jerusalem auf der neuen Erde sind deutlich. Aber es wird auch deutlich, dass diese beiden Visionen nicht identisch sind! Mit anderen Worten: Johannes hat **nicht** von Hesekiel abgeschrieben! Lesen Sie selbst:

> *Und er führte mich wieder zu der Tür des Tempels. Und siehe, da floss ein Wasser heraus unter der Schwelle des Tempels nach Osten; denn die vordere Seite des Tempels lag gegen Osten. Und das Wasser lief unten an der südlichen Seitenwand des Tempels hinab, südlich am Altar vorbei. Und er führte mich hinaus durch das Tor im Norden und brachte mich außen herum zum äußeren Tor im Osten; und siehe, das Wasser sprang heraus aus seiner südlichen Seitenwand. Und der Mann ging heraus nach Osten und hatte eine Messschnur in der Hand, und er maß tausend Ellen und ließ mich durch das Wasser gehen; da ging es mir bis an die Knöchel. Und er maß abermals tausend Ellen und ließ mich durch das Wasser gehen: da ging es mir bis an die Knie; und er maß noch tausend Ellen und ließ mich durch das Wasser gehen: da ging es mir bis an die Lenden. Da maß er noch tausend Ellen: da war es ein Strom, so tief, dass ich nicht mehr hindurchgehen konnte; denn das Wasser war so hoch, dass man schwimmen musste und nicht hindurchgehen konnte. Und er sprach zu mir: Du Menschenkind, hast du das*

*gesehen? Und er führte mich zurück am Ufer des Flusses entlang. Und als ich zurückkam, siehe, da standen sehr viele Bäume am Ufer auf beiden Seiten. Und er sprach zu mir: Dies Wasser fließt hinaus in das östliche Gebiet und weiter hinab zum Jordantal und mündet ins Tote Meer. Und wenn es ins Meer fließt, soll dessen Wasser gesund werden, und alles, was darin lebt und webt, wohin der Strom kommt, das soll leben. Und es soll sehr viele Fische dort geben, wenn dieses Wasser dahin kommt; und alles soll gesund werden und leben, wohin dieser Strom kommt. Und es werden an ihm die Fischer stehen. Von En-Gedi bis nach En-Eglajim wird man die Fischgarne aufspannen; denn es wird dort sehr viele Fische von aller Art geben wie im großen Meer. Aber die Teiche und Lachen daneben werden nicht gesund werden, sondern man soll daraus Salz gewinnen. Und an dem Strom werden an seinem Ufer auf beiden Seiten allerlei fruchtbare Bäume wachsen; und ihre Blätter werden nicht verwelken, und mit ihren Früchten hat es kein Ende. Sie werden alle Monate neue Früchte bringen; denn ihr Wasser fließt aus dem Heiligtum. Ihre Früchte werden zur Speise dienen und ihre Blätter zur Arznei* (Hes 47, 1-12).

Der entscheidende Unterschied zwischen dem Tempelstrom bei Hesekiel und dem Strom des Lebens auf der neuen Erde besteht folglich darin, dass der Tempelstrom ins Tote Meer fließt und das Wasser dort in Süßwasser verwandelt.

Er gehört in die Ära des Millenniums und ist Teil der Herrschaft des Messias in Jerusalem, während der Antichristus mit dem falschen Propheten in den Feuersee geworfen und der Drache im *Abyssos* eingeschlossen ist.

Auf der neuen Erde gibt es keinen Tempel mehr (vgl. Offb 21,22), folglich auch kein Priestertum des neuen Bundes nach der Ordnung Melchisedeks – das Alte ist vergangen. Das Ziel des ersten Stromes war das Tote Meer. Wo befindet sich das Ziel das Lebensstromes auf der neuen Erde? Darüber wird nichts ausgesagt.

***(22,2) ... mitten auf dem Platz und auf beiden Seiten des Stromes Bäume des Lebens, die tragen zwölfmal Früchte, jeden Monat bringen sie ihre Frucht, und die Blätter der Bäume dienen zur Heilung der Völker.***

*„Die Blätter der Bäume dienen zur Heilung der Völker"* – Wieso eigentlich? Ich denke, es wird auf der neuen Erde keine Krankheiten mehr

geben! Wenn der Herr alles neu macht, ist es dann nicht auch perfekt und vollkommen?

Ich möchte gern mit Ihnen über Folgendes nachdenken: Wie werden wir uns fühlen, wenn wir im „Paradies" sind und nebenan brennen unsere ungläubigen Kinder in der Hölle? Vielleicht klingt das primitiv und mittelalterlich und ich oute mich jetzt bei einigen meiner Leser. Lesen wir doch mal das Gleichnis Jesu vom reichen Mann und dem armen Lazarus (vgl. Lk 16,19-31)! War das nur ein Gleichnis oder nicht auch eine schreckliche Warnung?

Mir fällt auf, dass Jesus Abraham folgende Worte in den Mund legt: *„Und überdies besteht zwischen uns und euch eine große Kluft, dass niemand, der von hier zu euch hinüberwill, dorthin kommen kann und auch niemand von dort zu uns herüber"* (Lk 16,26). Damit stützt Jesus meine Überzeugung von der Existenz dreier Universen: der Kosmos des Geistes Gottes, unsere materielle Welt und den Kosmos des *Abyssos*, des bodenlosen Abgrundes der Finsternis. Es ist nicht einfach so möglich, von einem Universum in das andere zu wechseln. Auch Jesus musste in unsere materielle Welt hineingeboren werden und konnte sie nur durch den Tod wieder verlassen.

Aber zurück zu unserer Frage am Anfang: Werden wir glücklich sein können, wenn wir wissen, unser Ehepartner oder unsere Kinder sind auf der anderen Seite? Wird uns das nicht eine ganze Ewigkeit hindurch belasten? Was könnte Gott tun? Vielleicht unsere irdische Vergangenheit aus unserem Bewusstsein löschen, so wie man eine Festplatte löscht? Wäre das eine Option? Aber dann wüssten wir gar nicht mehr, warum wir erlöst werden mussten. Würde die Gnade Gottes für uns dann nicht bedeutungslos werden? Das wäre auch ein Eingriff in unsere Persönlichkeitsrechte und ein Eingriff Gottes in die uns schöpfungsgemäß zugestandenen Rechte der Willensfreiheit. Das wäre keine göttliche Lösung.

Die uns geschenkte Vergebung durch Jesu Blut kann das eigene Wissen um unsere sündhafte Vergangenheit nicht auslöschen, der Schmerz bleibt, die Trauer um unser Versagen bleibt. Es gibt einen besseren Weg: Innere Heilung durch die *„Blätter der Bäume des Lebens"*. Das sind natürlich prophetische Bilder. Die geistliche Realität wird unsere gegenwärtige Vorstellung weit übertreffen!

***(21,3) Und es wird nichts Verfluchtes mehr sein. Und der Thron Gottes und des Lammes wird in der Stadt sein, und seine Knechte werden ihm dienen …***

Nichts Verfluchtes – wussten Sie eigentlich, dass unsere gefallene Welt ganz grundsätzlich unter dem Fluch Gottes steht, allein durch die Sünde an sich? Dafür gibt es viele Belegstellen, zum Beispiel Sprüche 3,33: *„Im Hause des Gottlosen ist der Fluch des Herrn …"*

Leider haben viele Christen keine Vorstellung bezüglich der Wirkung von Segen und Fluch in ihrem Leben. Ungehorsam gegen Gottes Wort zieht nahezu automatisch den Fluch Gottes an. Das bedeutet auch, dass in der letzten Zeit in der Welt des Antichristen der Fluch Gottes astronomische Ausmaße annehmen wird. Auf der neuen Erde wird die vollkommene Abwesenheit von Fluch möglicherweise das Erste sein, was uns auffällt!

Aber das eigentliche Ziel Gottes mit uns als menschlichen Geschöpfen, die er nach seinem Bild geschaffen hat, ist jetzt erreicht: Der ewige, allmächtige Gott und Vater der Menschen wohnt bei uns auf der Erde, auf einer völlig neuen Erde! Das, was in der Wüste Sinai durch das Zeltheiligtum und die darüber lagernde Schechina (Herrlichkeitswolke als Zeichen der Gegenwart Gottes) symbolisch angedeutet wurde, ist jetzt erfüllt: **Der Thron Gottes und des Lammes in Jerusalem!**

***(21,4) … und sein Angesicht sehen, und sein Name wird an ihren Stirnen sein.***

Wir fragen uns hier, wie unser Dienst als *„seine Knechte"* aussehen wird. Was werden wir dann tun? Zunächst drückt dieser Satz eine tiefe und innige Verbundenheit aus. Das Angesicht Gottes sehen zu dürfen, wurde uns bis jetzt immer verwehrt, weil wir es gewiss nicht überleben könnten.

Jetzt aber ist die Zeit gekommen, an dem wir in unserem Level an Heiligkeit und Reinheit soweit gewachsen sind und unser Licht so sehr zugenommen hat, dass wir das Angesicht Gottes ertragen können. Und nicht nur ertragen im Sinne von geradeso aushalten, sondern wir werden verwandelt werden im Anschauen seines Bildes von einer Herrlichkeit zur anderen (vgl. 2 Kor 3,17). Eine ewige Spirale des Wachstums nach oben wird beginnen, die so unendlich ist, wie Gott selbst unendlich ist! Es gibt ein Gleichnis Jesu, das diese Zeit andeutet:

*Und die Apostel sprachen zu dem Herrn: Stärke uns den Glauben! Der Herr aber sprach: Wenn ihr Glauben hättet so groß wie ein Senfkorn, dann könntet ihr zu diesem Maulbeerbaum sagen: Reiß dich aus und versetze dich ins Meer!, und er würde euch gehorchen. Wer unter euch hat einen Knecht, der pflügt oder das Vieh weidet, und sagt ihm, wenn der vom Feld heimkommt: Komm gleich her und setz dich zu Tisch? Wird er nicht vielmehr zu ihm sagen: Bereite mir das Abendessen, schürze dich und diene mir, bis ich gegessen und getrunken habe; danach sollst du auch essen und trinken? Dankt er etwa dem Knecht, dass er getan hat, was befohlen war? So auch ihr! Wenn ihr alles getan habt, was euch befohlen ist, so sprecht: Wir sind unnütze Knechte* (achreios – wertlos, armselig, entbehrlich, unbrauchbar und keines Verdienstes würdig)*; wir haben getan, was wir zu tun schuldig waren* (Lk 17,5-10).

Die Knechte sind wir. Unser Arbeitsfeld (der Acker) ist die Welt. Unser Dienst danach, am Abend des Tages, gehört Gott. Was wird von uns verlangt? Ihm Nahrung zuzubereiten. Was könnte ihn „satt machen"? Unser Lobpreis und unsere Anbetung! (So sagt Jesus in Johannes 4,32: *„Ich habe eine Speise, von der ihr nicht wisst."*)

Nur in diesem Umfeld der Gemeinschaft mit dem Vater, dem Sohn und dem Heiligen Geist wird unser Glaube, einschließlich aller anderen Geistesgaben, wie auch die Geistesfrucht wirklich wachsen können.

***(22,5) Und es wird keine Nacht mehr sein, und sie bedürfen keiner Leuchte und nicht des Lichts der Sonne; denn Gott der Herr wird sie erleuchten, und sie werden regieren von Ewigkeit zu Ewigkeit.***

Bei Gott gibt es kein Sklavendasein im heutigen Wortsinn mehr, denn wir werden Könige sein. Das heißt, in der Ewigkeit werden wir erleben, wie unsere Persönlichkeit zur eigentlichen und gottgewollten Vollendung heranreift. Wir werden das ausleben dürfen, wozu wir geschaffen sind.

***(22,6) Und er sprach zu mir: Diese Worte sind gewiss und wahrhaftig; und der Herr, der Gott des Geistes der Propheten, hat seinen Engel gesandt, zu zeigen seinen Knechten, was bald geschehen muss.***

Das ist ein bewusster Rückschluss auf den Anfang der Apokalypse. Durch die Formulierung „der Gott des Geistes der Propheten" will der Engel, der Johannes durch die Zeit der letzten Dinge führt, aufzeigen, dass echte Prophetie niemals eine Sache des menschlichen Denkens oder

Vorstellungsvermögens ist. Es ist Gotteswort voller Gewissheit und Wahrhaftigkeit, das sich plötzlich und unerbittlich (tachys) ereignen wird.

***(22,7) Siehe, ich komme bald. Selig ist, der die Worte der Weissagung in diesem Buch bewahrt.***

Noch einmal dasselbe Wort, um die Dringlichkeit dieser Botschaft auszudrücken: „Ich komme *tachys*!" Ich finde die Übersetzung hier wenig treffend und würde es etwas provokativer ins Deutsche übertragen, etwa so: **„Hört mir bitte genau zu: Ich komme plötzlich!"** Ein wichtiges Wort an die gegenwärtigen Leser dieses letzten Buches der Bibel. Werden wir es beherzigen?

An dieser Stelle folgt nun auch die vorletzte der sieben Seligpreisungen. (Die anderen können wir an folgenden Stellen nachlesen: Offenbarung 1,3; 14,13; 16,15; 19,9; 20,6; 22,7; 22,14.)

Was bedeutet es, die Worte dieser Weissagung zu bewahren? Das griechische Wort für bewahren (*tereo*) steht auch für „beobachten", „im Auge behalten", „behüten" oder „befolgen". Das sagt uns etwas über den richtigen Umgang der Gläubigen mit göttlicher Prophetie. Die Gemeinde muss sich darin üben, mit Prophetie „schwanger" zu gehen. Sie soll in uns wachsen, von uns Besitz ergreifen und uns zu Visionären machen, die lernen, ihr gegenwärtiges Leben von der Zukunft her zu denken und zu gestalten.

***(22,8) Und ich, Johannes, bin es, der dies gehört und gesehen hat. Und als ich's gehört und gesehen hatte, fiel ich nieder, um anzubeten zu den Füßen des Engels, der mir dies gezeigt hatte.***

***(22,9) Und er spricht zu mir: Tu es nicht! Denn ich bin dein Mitknecht und der Mitknecht deiner Brüder, der Propheten, und derer, die bewahren die Worte dieses Buches. Bete Gott an!***

Der Eindruck dieser Visionen und Botschaften auf Johannes muss schon gewaltig gewesen sein, sodass er sich regelrecht vergisst und den Engel anbeten will.

***(22,10) Und er spricht zu mir: Versiegle nicht die Worte der Weissagung in diesem Buch; denn die Zeit ist nahe!***

Am Schluss des Buches Daniel lesen wir das Gegenteil: Versiegle dieses Buch bis auf die letzte Zeit (vgl. Dan 12,4). Ich frage mich nur, welcher

Unterschied zwischen der prophetischen Sprache Daniels und der des Johannes in der Offenbarung besteht. Eigentlich doch keiner! Aber vielleicht geht es darum gar nicht? Göttliche Prophetie kann nur durch den Heiligen Geist verstanden und gedeutet werden. Mit anderen Worten: Versiegelt ist für mich das Wort dann, wenn der Geist Gottes es mir (noch) nicht offenbart.

Und dann die wiederholte Erinnerung: Die Zeit ist nahe! (Zum wievielten Mal eigentlich?) Hier steht wieder das griechische Wort *Kairos*, der Zeitpunkt oder die Zeit Gottes. Und dieser *Kairos* hat für die Gemeinde in Ephesus schon begonnen („*Wenn du nicht Buße tust, werde ich deinen Leuchter wegstoßen!*" Offb 2,5).

***(22,11) Wer Böses tut, der tue weiterhin Böses, und wer unrein ist, der sei weiterhin unrein, aber wer gerecht ist, der übe weiterhin Gerechtigkeit, und wer heilig ist, der sei weiterhin heilig.***

Nicht die Botschaft, aber die Menschen werden versiegelt, die Bösen wie die Guten. Diejenigen, die unrein sind und Böses tun, werden verstockt und können sich nicht mehr ändern. Sie tragen das Malzeichen des Tieres. Aber die anderen, die Gerechten und Heiligen, werden bewahrt und können nicht mehr abfallen, denn sie tragen das Siegel Gottes an ihren Stirnen.

Ich verstehe dieses Wort als einen Befehl. Ein Befehl des Fluches für die einen und ein Befehl des Segens beziehungsweise des Schutzes für die anderen. Wer in dieser letzten Zeit dieses Wort von der Apokalypse Jesu Christi liest, bewahrt und befolgt (vgl. Offb 22,7), begibt sich unter den Segensbefehl Gottes. Und die anderen, die dieses Wort ablehnen, werden nicht etwa sich selbst überlassen, sondern begeben sich unter das Verstockungsgericht Gottes.

***(22,12) Sie, ich komme bald und mein Lohn mit mir, einem jeden zu geben, wie seine Werke sind.***

Erinnern Sie sich an die Jünger, die Jesus einmal fragten: „*Siehe, wir haben alles verlassen und sind dir nachgefolgt; was wird uns dafür gegeben*" (Mt 19,27)? Jesus sagte zu ihnen: „*Ihr, die ihr mir nachgefolgt seid, werdet bei der Wiedergeburt, wenn der Menschensohn sitzen wird auf dem Thron seiner Herrlichkeit, auch sitzen auf zwölf Thronen und richten die zwölf Stämme Israels. Und wer Häuser oder Brüder oder Schwestern oder Vater oder Mutter oder Kinder oder Äcker verlässt um meines Namens willen, der wird's hundertfach empfangen und das ewige Leben ererben"* (Mt 19,28-29).

***(22,13) Ich bin das A und das O, der Erste und der Letzte, der Anfang und das Ende.***

Ich glaube, wir können die Aussage dieses Satzes in ihrer Tiefe überhaupt nicht verstehen! Wir kennen den Anfang nicht und wir kennen das Ende nicht. Unser Verstand ist begrenzt, unser Blickwinkel auch. Was sind wir schon, Ameisen im großen Getriebe dieses Kosmos. Aber wir dürfen es glauben! Wir sind geboren, um geliebt zu werden. Wir haben eine Seele, die nie vergeht, und wenn wir auf ihn schauen, wird alles gut.

Trotzdem möchte ich an dieser Stelle noch einen wichtigen Hinweis geben: A und O beziehungsweise die Synonyme Anfang und Ende sind Aussagen für unsere an Zeitabläufe gebundene materielle Welt. Die Ewigkeit Gottes kennt keine Zeit, weder Vergangenheit noch Zukunft, sondern nur Gegenwart. Jesus bezeichnet sich hier als Herr über die Zeit, denn er ist der Schöpfer dieses materiellen Kosmos und eben auch deshalb der Menschensohn.

***(22,14) Selig sind, die ihre Kleider waschen, dass sie teilhaben an dem Baum des Lebens und zu den Toren hineingehen in die Stadt.***

Das ist nun die letzte Seligpreisung der Offenbarung.

Der Apostel Johannes schreibt in seinem ersten Brief: *„Wenn wir aber unsere Sünde bekennen, so ist er treu und gerecht, dass er uns die Sünden vergibt und reinigt uns von aller Ungerechtigkeit"* (1 Joh 1,9). Das ist gemeint, wenn die Bibel vom Kleiderwaschen spricht! Und das ist auch die (einzige) Bedingung beziehungsweise Voraussetzung für die Teilhabe am Wohnrecht im neuen Jerusalem und für einen Anteil am Leben aus Gott.

***(22,15) Draußen sind die Hunde und die Zauberer und die Unzüchtigen und die Mörder und die Götzendiener und alle, die die Lüge lieben und tun.***

Einen ähnlichen Satz haben wir schon in Offenbarung 21,8 gelesen. Nur Hunde wurden da nicht erwähnt. Wen meint die Bibel damit? Wer sind die Hunde? Jesus unterschied einmal zwischen Kindern und Hunden: *„Es ist nicht recht, dass man den Kindern ihr Brot nehme und werfe es vor die Hunde"* (Mt 15,26). Hunde waren in Israel unreine Tiere, die man wegjagte. Sie waren verwildert, ungepflegt, verlaust, bissig und dürre. Hunde waren keine Haustiere, die man liebte und pflegte, wie wir es heute tun. So wurde dieses Wort zu einer abfälligen und negativen Bezeichnung für die ungläubigen Heiden, die nicht zum Volk Gottes gehörten.

***(22,16) Ich, Jesus, habe meinen Engel gesandt, euch dies zu bezeugen für die Gemeinden. Ich bin die Wurzel und das Geschlecht Davids, der helle Morgenstern.***

Dieses Zeugnis Jesu verstehe ich auch als eine richtungsgebende Botschaft für die Gemeinden. Wir sollen nicht nur wissen, was kommen wird, sondern auch, wie es einzuordnen ist. Die Bildsprache hat Gründe. Sie deckt dämonische oder auch göttliche Ursachen auf und hilft uns, Zusammenhänge zu verstehen. Was wir bis jetzt gelesen haben, ist Weltgeschichte und Kirchengeschichte aus der Sicht Gottes und das ist letztlich nichts anderes als ein ständiger Kampf zwischen Licht und Finsternis, der aber an sein Ende kommen wird.

***(22,17) Und der Geist und die Braut sprechen: Komm! Und wer es hört, der spreche: Komm! Und wen dürstet, der komme; und wer da will, der nehme das Wasser des Lebens umsonst.***

Die Gemeinde und der in ihr wohnende Heilige Geist haben, je näher wir dem Ziel der irdischen Menschheitsgeschichte kommen, nur einen Gedanken: Herr, komme bitte bald und mache dem gegenwärtigen Irrsinn ein Ende! Und bitte, nimm deinen Heiligen Geist nicht von uns, sondern gib noch mehr dazu, dass wir durchhalten können, bis du kommst.

***(22,18) Ich bezeuge allen, die da hören die Worte der Weissagung in diesem Buch: Wenn jemand etwas hinzufügt, so wird Gott ihm die Plagen zufügen, die in diesem Buch geschrieben stehen.***
***(22,19) Und wenn jemand etwas wegnimmt von den Worten des Buches dieser Weissagung, so wird Gott ihm seinen Anteil wegnehmen am Baum des Lebens und an der heiligen Stadt, von denen in diesem Buch geschrieben steht.***

Das ist ein ernstes Gericht, das hier angekündigt wird! Und es gibt sehr viele, die dieses Buch der Apokalypse Jesu Christi verzerrt, verdreht und so entstellt haben, dass es keiner mehr verstehen kann. Nur das reformatorische Prinzip *sola scriptura* (Allein die Schrift!) kann uns helfen, zu den Wurzeln zurückzufinden!

***(22,20) Es spricht, der dies bezeugt: Ja, ich komme bald. – Amen, ja, komm, Herr Jesus!***
***(22,21) Die Gnade des Herrn Jesus sei mit allen!***

Diese Apokalypse unseres Herrn Jesus Christus, oder wie viele auch gern sagen, unseres Jeschua ha Maschiach, beginnt mit folgender Seligpreisung:

> *Selig, der da liest und die da hören die Worte der Weissagung und behalten, was darin geschrieben ist; denn die Zeit ist nahe* (Offb 1,3).

Dieser Satz war es, der mich bewogen hat, Ihnen diese Vers-für-Vers-Exegese näherzubringen, weil ich selbst den Segen erlebt habe, der darauf liegt, wenn man das prophetische Wort Gottes liest und auf sich wirken lässt.

Ich bete, dass auch Sie diese Erfahrung machen, denn das Wort lebt, es lebt wirklich! Es ist nicht nur Logos, das Geschriebene, sondern es lebt als Rhema in unserem Herzen, als das uns persönlich geoffenbarte Reden des Heiligen Geistes.

Seien Sie gesegnet!

Ihr Volkmar Kolibabe

# Über den Autor

Volkmar Kolibabe wurde 1946 im Erzgebirge geboren. Nach Abitur und Theologiestudium begann er seinen geistlichen Dienst als Jugendpastor in Erfurt und Berlin. Im Laufe seines Dienstes gründete er ein Therapiezentrum für Suchtgefährdete in Zeuthen und danach eine freie evangelische Gemeinde in Königs Wusterhausen.

Volkmar Kolibabe war außerdem Bibellehrer in der Gemeinde des bekannten Berliner Pastors und Fernsehevangelisten Dr. Volkhard Spitzer und ist heute Vorstandsvorsitzender des überkonfessionellen christlichen Hilfswerkes Agapedienste international e.V. mit Sitz in Berlin-Treptow.

Kontakt zum Autor: volkmar.kolibabe@web.de

## Weitere Produkte von GloryWorld-Medien

**„Himmlische Bücher für die Erde"**

**Tommy Welchel/Jody Keck**

### Der Strom aus Zion

*Von Azusa über Israel zur Endzeit-Erweckung – Berichte, Erlebnisse, Visionen,* 192 S., Paperback

Lass dich auf die kommende Endzeit-Erweckung vorbereiten! Tommy Welchel erzählt nicht nur bisher unveröffentlichte, eindrucksvolle Azusa-Geschichten, sondern verbindet diese mit dem, wie Gott heute wirkt und was ihm Gott in Israel gezeigt hat.

Was Gott mit der Ausgießung seines Geistes an Pfingsten und in der Azusa Street getan hat, wird er in einem noch viel größeren Maßstab in der kommenden Zeit tun. Jetzt ist die Zeit, dass wir uns von ihm rufen und darauf vorbereiten lassen!

**Frank Krause, Feuerprobe**

*Das kleine Buch über Erweckung in Deutschland*

120 Seiten, Paperback

Das Thema „Erweckung" wird heiß diskutiert. Was sagt nun Jesus selbst zur Sache? Schließlich ist er derjenige, der uns mit Heiligem Geist und Feuer taufen möchte. Und er ist auferstanden und lebt; wir können ihn selbst danach fragen.

Das hat der Autor getan und hat in einer erstaunlichen Vision überraschende Antworten dazu erhalten, wie wir reif werden für Erweckung: Die Kirche ebenso wie das Land. Darin enthalten ist ein **Sendschreiben an die Gemeinde in Deutschland.**

**Cornelia Weinmann, Jesus ruft seine Braut**

*Gottes Herzschlag für Deutschland entdecken*

344 S., Paperback.

Wofür schlägt Gottes Herz, was ist die Berufung der Braut Christi in Deutschland und was könnte uns hindern, diese Berufung anzunehmen?

Dieses Buch entfaltet die atemberaubende Liebesgeschichte zwischen Gott und uns Menschen, wie sie im Hohelied angedeutet wird. Wir sind eingeladen, Jesu Braut zu sein! Insbesondere werden wir dabei auch den Herzschlag Gottes für Deutschland entdecken.

Sind wir von den Traumata der Vergangenheit befreit, können wir im Takt seiner Liebe in neugewonnener Leichtigkeit in eine neue Zukunft gehen. Der Ruf geht nämlich schon durch die Welt: „Seht, der Bräutigam kommt! Geht hinaus, ihm entgegen!" (Mt. 25,6).

**Frank Krause, Ein Turm bis zum Himmel**

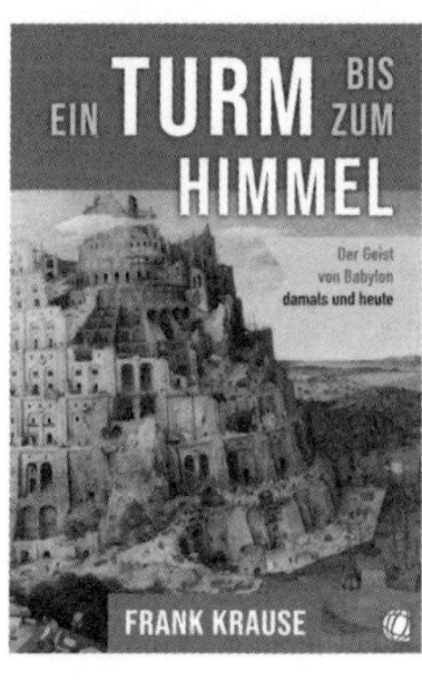


*Der Geist von Babylon, damals und heute;* 176 S., Pb.

Viele Christen meinen, die apokalyptischen Ereignisse um den Untergang Babylons kämen erst noch, der Autor jedoch glaubt, dass wir uns bereits mitten darin befinden und Zeugen des kollabierenden „Turms der Anmaßung" sind.

Offenbar geschieht vieles, von dem wir annahmen, es würde sich nacheinander ereignen, in Wahrheit nebeneinander bzw. gleichzeitig.

Das Buch will sowohl die Vorstellungen darüber vertiefen, wer und was Babylon ist, als auch Orientierung geben, um in den turbulenten Wehen der Endzeit, durch die wir gehen, standzuhalten.

Zudem will es den Blick auf die hinter dem Irdischen liegenden himmlischen Ereignisse lenken, die mit der „großen Hochzeit" und der Stadt des lebendigen Gottes, dem „Neuen Jerusalem" zu tun haben. Das Ende des einen ist der Anfang des anderen.

**Frank Krause, Die Armee**

*Impulse zur aktuellen geistlichen Revolution;* 300 S., Pb.

Die Zukunft hat begonnen. Das Verlangen nach Wahrheit, Orientierung und positiven Visionen schwillt an wie eine Flut. Menschen wollen definitiv wissen, wie sie vom Heiligen Geist verwandelt werden können, um in die Dimension der Herrlichkeit Gottes und der engen Beziehung mit Jesus, genannt „Jüngerschaft", eintreten zu können.

Sie sind bereit, dafür zu kämpfen und alle Hindernisse zu überwinden. Sie haben das Spiel religiöser Nichtigkeit und frommen Missbrauchs satt und wollen zu Jesus selbst finden und mit ihm gehen – in Liebe und Wahrheit.

**Chris Overstreet, Übernatürlich evangelisieren**

*Ein Handbuch für die Praxis;* 160 S., Paperback;

Vorwort von Bill Johnson

*Übernatürlich evangelisieren* hat das Potenzial, in uns das Feuer der Liebe Gottes zu entzünden, um Menschen, die Gott nicht kennen, mit seinem Herzen und seiner Kraft in Berührung zu bringen. Wir lernen uns ganz praktisch in das einzuklinken, was Gott mit den Menschen vorhat, denen wir im Alltag begegnen – wie es auch Jesus getan hat.

Zu den behandelten Themen gehören: Eine Reich-Gottes-Mentalität pflegen | Grundwerte des Evangelisierens | Wie wir Menschen zum Herrn führen können | In der Öffentlichkeit für Kranke beten | Prophetisches Evangelisieren | Angst und Ablehnung überwinden. Jedes Kapitel schließt mit einem Anwendungsteil, um das Gelernte zu reflektieren, in der Gruppe zu besprechen und im Alltag anzuwenden.

**Dr. Henry Wright**

### Die geistlichen Ursachen von Krankheiten

*Klare Antworten auf Ihre Fragen zu Krankheitsprävention und Heilung,* 208 Seiten, Pb.

Gemäß den langjährigen Erfahrungen des Autors haben etwa 80 Prozent aller Krankheiten eine geistliche Ursache und sind die direkte Folge einer gestörten Beziehung zu Gott, zu uns selbst oder zu anderen. Gott offenbarte ihm aus seinem Wort, was die geistlichen Ursachen von Krankheiten und den Blockaden zur Heilung sind.

Er geht insbesondere auf folgende Krankheitsarten ein: Allergien, Autoimmunerkrankungen, psychische Störungen, Herz-Kreislauf-Erkrankungen und Belastungsstörungen (z. B. Stresskrankheiten).

### Jonathan Welton, Die Schule der Seher

*Eine praktische Anleitung, wie man ins Unsichtbare hineinsehen kann;* 224 S.; Pb.; Vorwort von Randy Clark

Viele Christen haben angefangen, übernatürliche Phänomene zu erleben: Träume, (offene) Visionen, Engel oder Dämonen. Aber es mangelt ihnen an solider biblischer Lehre und sie sind zu dem geworden, was man als *Seherwaisen* bezeichnet: Sie suchen verzweifelt nach jemandem, der sie trainiert, ermutigt und freisetzt.

Das Ziel von Jonathan Welton war deshalb, ein praktisches Handbuch herauszubringen, das den Leib Christi mit den Informationen ausrüstet, die notwendig sind, um in der Dimension des Prophetischen bzw. des Sehers zu wachsen und im Leben im Übernatürlichen Reife zu erlangen.

### Kevin Basconi, Mit den Engeln tanzen, Band 1

*Die Grundlagen: Gottes Engel erkennen, einladen und beauftragen;* 240 S.; Paperback

Mit diesem Buch stellt uns Kevin Basconi eine inspirierende, glaubensstärkende und praktische Anleitung zur Verfügung, wie ganz normale Gläubige mit Engeln zusammenarbeiten und sie sogar beauftragen können, um den Willen Gottes auszuführen.

Sein Buch ist voller spannender persönlicher Berichte, in denen er uns an seinem wachsenden Verständnis über das Wirken der Engel teilhaben lässt. Er erläutert, wie unsere Fähigkeit, Gottes Willen zu tun, dramatisch zunimmt, sobald wir mit Engeln zusammenwirken.

Das Buch ist eine großartige Hilfe für die Gemeinde, um sie auf die Zeit der Ernte vorzubereiten, in der Engel eine tragende Rolle spielen werden, und sie für die bevorstehenden Heilungserweckungen zuzurüsten.

**Henk Bruggeman**

## Das Herz des Vaters entdecken

*Unsere Identität als Söhne und Töchter Gottes empfangen*

200 S.; Paperback

Gott sehnt sich mehr denn je danach, seinen Kindern sein Vaterherz zu offenbaren. Er möchte, dass wir ihn nicht nur mit dem Kopf, sondern vor allem mit dem Herzen kennenlernen. Statt einer Distanziertheit soll eine innige Vertrautheit unsere Beziehung zu ihm prägen. Darüber hinaus möchte er uns aber eine neue Identität schenken: die Identität der Sohnschaft. Wir entdecken mehr und mehr, wie wir als echte Söhne und Töchter Gottes leben können.

## Blake K. Healy, Durch den Schleier sehen

*Eine Einladung in die unsichtbare Welt;* 176 S. Paperback

Blake K. Healy sieht Engel und Dämonen seit seiner Kindheit – und zwar so klar wie natürlich sichtbare Dinge. Er sieht zum Beispiel Engel in Anbetungsgottesdiensten tanzen und Ermutigungsworte in die Ohren von Menschen flüstern, doch genauso sieht er auch Dämonen, die sich an Leute heften und so Abhängigkeiten, Lügen und Bitterkeit in deren Herzen und Gedanken aufrechterhalten.

In diesem Buch erzählt er einige dieser Begegnungen und wie er in dieser Gabe reifte und dabei die Angst und Verwirrung über die Dinge, welche er sah, überwand. Und ebenso, und wie er lernte, die Gabe des Sehens zu Gottes Verherrlichung zu nutzen und andere darin zu lehren.

„Ich wollte nicht, dass dieses Buch jemals endet!" (Bill Johnson)

## Blake K. Healy, Unzerstörbar

*Führe deine geistlichen Kämpfe aus der Perspektive des Himmels;* 192 S., Pb.

Welche Fallen und Taktiken wenden Dämonen an, und wie können wir diese meiden?

Dieses Buch fasst zusammen, was Blake K. Healy in über dreißig Jahren über die Pläne des Feindes und ebenso die des Himmels gelernt hat.

Wir lernen, wie wir die Komplotte, Pläne und Lügen des Feindes aufdecken und abwehren können und gleichzeitig die Pläne des Himmel vorantreiben können.

Sein Hauptanliegen ist dabei, dass wir den geistlichen Kampf nicht aus eigener Kraft, sondern aus der Perspektive des Himmels führen, und ein Leben aufbauen, das unzerstörbar ist.

Dann können wir in unserem Umfeld – unserem Wohnviertel, unseren Schulen, Städten und Ländern – zu einem Leuchtfeuer der Herrlichkeit Gottes werden.

**Beni Johnson, Der glückliche Fürbitter**

*Mit Gott die Welt bewegen, ohne die Freude zu verlieren*

Vorwort von Bill Johnson; 180 S., Paperback

Beni Johnson (die Frau von Bill Johnson) nimmt uns mit auf ihre Reise von einer schüchternen Person zu einer kühnen, aber glücklichen Fürbitterin. Gott offenbarte ihr einen Weg, wie sie aus seiner Gegenwart und seiner Liebe heraus in Einklang mit seinem Herzen effektiv beten kann.

Fürbitte muss nicht dazu führen, dass uns die Anliegen, für die wir beten, unter Druck bringen oder emotional beeinträchtigen. Den Himmel auf die Erde zu holen, kann sogar regelrecht Spaß machen. Unmögliches wird plötzlich möglich – ob es dabei um „kleine" Dinge in unserem persönlichen Umfeld geht oder um die Veränderung des geistlichen Klimas über unseren Städten und Nationen.

**James Goll**

**Die Gaben des Heiligen Geistes freisetzen**

216 S., Paperback

Der Heilige Geist demonstriert Gottes übernatürliche Kraft durch seine Gemeinde heute, indem seine Herrlichkeit auf globaler Ebene freigesetzt wird. Alle Gaben Gottes sind immer noch voll funktionsfähig, und jeder einzelne Gläubige ist dazu bestimmt, im Fluss Gottes zu leben und seine Bestimmung zu erfüllen.

James Goll zeigt auf, wie der Heilige Geist durch die neun bekanntesten Geistesgaben wirkt und wie wir sie unter Gottes Leitung für die Erfüllung des Missionsbefehls einsetzen können.

Anhand vieler anschaulicher Beispiele aus der Bibel und aus der Gegenwart lernen wir, wie geistliche Gaben in der Praxis funktionieren. Aber es geht in diesem Buch nicht nur darum, wie man seine geistlichen Gaben entdeckt oder empfängt, sondern wie man sie freisetzt und weitergibt!

**Ella Legan, Mache dich auf!**

*... und begegne dem Vaterherzen Gottes;* 320 S.; Pb.

Sehnst du dich danach, mehr von Gott zu erleben und seine heilende Gegenwart zu erfahren?

„Mache dich auf!" ist die Einladung zu einer Reise ins Vaterherz Gottes. Gott sieht dich und deine Situation und will dir genau dort begegnen. Lass dich von Ella Legan auf diese 40-tägige Reise mitnehmen, die dem Weg der Israeliten aus der Knechtschaft in Ägypten zum Berg Gottes nachempfunden ist. 40 Begegnungen mit Jesus und dem Gott der Herrlichkeit warten auf dich.

Am Ende wirst du bereit sein, in dein eigenes Land der Verheißung weiterzuziehen. Mache dich auf!

## Die Geisterstadt-Trilogie von Frank Krause

### Band 1: Die Geisterstadt

*Das Geheimnis des Bösen;* 180 Seiten, Paperback

Wie sieht Gott aktuell unsere Welt, unser Leben, den Zustand des Christentums? Welche Strategie befolgt das Böse darin, und wie ist es beschaffen?

Visionen helfen, den Horizont zu erweitern und die Welt mit neuen Augen zu sehen. Der Autor nimmt uns mit auf eine imaginäre Reise, auf der ihm Jesus Christus in einer Reihe aufschlussreicher Ereignisse das „Geheimnis des Bösen" erklärt. Es werden Zusammenhänge und Hintergründe deutlich, die wir vielleicht noch nie so gesehen haben.

Das Buch will dazu ermutigen, sich selbst tiefer auf Gott einzulassen und die eigene „Reise des Glaubens" mit ihren Höhen und Tiefen besser zu verstehen, denn mit dem, was wir nicht verstehen, können wir nur schwer umgehen.

### Band 2: Unterwegs in die goldene Stadt

*Lektionen des Weges;* 192 Seiten, Paperback

Wir sind geschaffen für die Ewigkeit, und sie ist hier. Unser Bürgerrecht ist im Himmel – schon heute. Das Reich Gottes ist nahe herbeigekommen – zu uns allen. Aber was tun wir mit diesen großartigen Wahrheiten? Oder anders gefragt: Lassen wir uns wirklich auf sie ein?

Dieses Buch knüpft nahtlos an das Buch „Die Geisterstadt" an. Während es dort darum ging, das Böse und seine Ausprägungen zu erkennen und hinter sich zu lassen, führt der Weg nun zu der Stadt hin, die Gott baut – seiner goldenen Stadt mit ihrer geheimnisvoll strahlenden Heiligkeit.

Um in den Zustand gelangen, diese Stadt Gottes betreten zu können, gilt es eine Menge zu lernen und zu erkennen, zum Beispiel, welche fatalen Ideologien und Theologien abzulegen sind, wie Gott oft ausgebeutet wird, was Heiligung wirklich bedeutet und wie wir uns auf die bevorstehende Hochzeit vorbereiten können.

### Band 3: Über die Schwelle

*Vom Geheimnis des Übergangs;* 208 Seiten, Paperback

Im geistlichen Leben geht es wesentlich um Übergänge: von der Finsternis ins Licht, von Egozentriertheit zu Christus-Zentriertheit. Der Autor gibt dem Leser Anteil an seinen Erlebnissen und Erkenntnissen auf diesem Weg.

Die Schwelle zur Heiligen Stadt bzw. dem Paradies Gottes können wir weder durch religiöses Verhalten noch durch hohe Moral überschreiten, sondern nur an der Hand Jesu, in der Liebe des Vaters und in der Kraft des Heiligen Geistes. Dieses Buch vollendet die im Buch „Die Geisterstadt" begonnene und im Buch „Unterwegs in die goldene Stadt" fortgesetzte Reise.

**Phil Mason, Quanten-Herrlichkeit**

*Die Wissenschaft von der Inbesitznahme der Erde durch den Himmel;* 520 Seiten, Paperback

Quanten-Herrlichkeit erläutert auf eine äußerst spannende Weise die Zusammenhänge zwischen den faszinierenden Erkenntnissen der Quantenmechanik und der Herrlichkeit Gottes.

Der erste Teil untersucht die subatomare Welt und enthüllt ihren außergewöhnlich komplexen göttlichen Plan, der die Genialität unseres Schöpfers offenbart.

Im zweiten Teil erklärt der Autor ausführlich, wie die Herrlichkeit Gottes in unser physisches Universum eindringt, um Wunder göttlicher Heilung zu bewirken.

**James Goll**

**Geistlich wahrnehmen und unterscheiden**

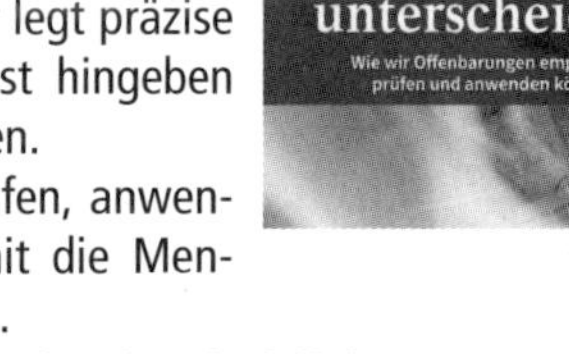


*Wie wir Offenbarungen empfangen, prüfen und anwenden können;* 216 S.

James Goll erklärt, dass jeder Nachfolger Jesu geistliche Offenbarungen empfangen und prüfen kann, auch wenn einige als Propheten besonders begabt sind. Er legt präzise dar, wie wir unsere Sinne dem Heiligen Geist hingeben können, damit wir geistlich wahrnehmen können.

Und er erläutert, wie wir Offenbarungen prüfen, anwenden und letztlich verinnerlichen können, damit die Menschen sie nicht nur hören, sondern in uns sehen.

**Für das vertiefte Studium ist ein Arbeitsbuch erhältlich.**

**Dr. Larry Richards**

**Die volle Waffenrüstung Gottes**

*Gut geschützt gegen die Angriffe des Bösen;* 208 Seiten, Pb.

Die Bibel macht deutlich, dass ein Großteil unserer Unsicherheiten, Ängste und Zweifel auf den Machenschaften böser Mächte beruhen. Deshalb ist es so entscheidend, dass wir sowohl die Strategien kennen, die Satan benutzt, um uns anzugreifen, als auch die Rüstung, die Gott uns zur Verfügung stellt, um uns dagegen zu schützen.

Eine biblische Dämonologie, Hilfen zum Umgang mit dem Bösen in der Seelsorge sowie Lektionen für „Lebe-frei-Selbsthilfegruppen" runden das Buch ab.

---